总主编　卓永强

渔业船员培训系列教材

渔船轮机管理

（轮机长、管轮）

主　编　余培文　袁建斌
主　审　滕宪斌

大连海事大学出版社

图书在版编目(CIP)数据

渔船轮机管理 ：轮机长、管轮 / 余培文，袁建斌主编. — 大连 ：大连海事大学出版社，2018. 3(2025. 3 重印)
渔业船员培训系列教材 / 卓永强主编
ISBN 978-7-5632-3620-6

Ⅰ. ①渔… Ⅱ. ①余… ②袁… Ⅲ. ①渔船—轮机管理—技术培训—教材 Ⅳ. ①U674. 403

中国版本图书馆 CIP 数据核字(2018)第 048895 号

大连海事大学出版社出版

地址：大连市黄浦路523号 邮编：116026 电话：0411-84729665(营销部) 84729480(总编室)
http://press. dlmu. edu. cn E-mail：dmupress@ dlmu. edu. cn

大连永盛印业有限公司印装　　大连海事大学出版社发行

2018 年 3 月第 1 版　　2025 年 3 月第 4 次印刷
幅面尺寸：184 mm×260 mm　　印张：8
字数：188 千　　印数：5001～6000 册

出版人：刘明凯

责任编辑：苏炳魁　　责任校对：张 华
封面设计：解瑶瑶　　版式设计：张爱妮

ISBN 978-7-5632-3620-6　　定价：23. 00 元

总　序

中国大陆海岸线长达 18 000 多千米，岛屿海岸线长达 14 000 多千米，管辖海域约为 300 万平方千米，属于海洋大国。中国海域蕴藏着丰富的资源，特别是海洋渔业资源，中国近海和外海鱼类最大持续渔获量约为 735 万吨。2016 年我国渔业人口约为 2016.96 万人，其中传统渔民 678.46 万人，渔业从业人员 1414.85 万人。高素质的渔业船员队伍是实现渔业安全生产和渔业经济持续健康发展的重要基础。为适应海洋渔业资源开发形势的发展，规范全国渔业船员教育培训工作，推动《中华人民共和国渔业船员管理办法》实施，广东海洋大学组织在渔业船员培训领域有着丰富教学和培训经验的专家编写了此套“渔业船员培训系列教材”，并组织教学和实践经验丰富的航海类专业的教授、船长和轮机长对教材进行了审定，以提高培训质量，提高渔业船员的综合素质。

“渔业船员培训系列教材”的出版是渔业船员培训工作的一件大事，满足了广大渔业船员备考之需，对提高教学、培训质量和我国渔业船员整体素质具有积极作用，同时也对《中华人民共和国渔业船员管理办法》的实施起到了很好的推动作用。

在本套教材出版之际，我衷心希望广大渔业船员刻苦学习，认真实践，不断提高自己的文化和业务素质，为渔业生产安全和防止水域污染、保护海洋环境做出更大贡献。

在此，谨向参加教材编写工作的同志及为此付出过辛勤劳动的同志们表示衷心的感谢！同时希望大家继续为建设海洋强国而努力！

中国海洋学会理事长

2018 年 3 月

内容提要

本书共分七章，第一章为渔船基础知识，介绍了渔船的发展与分类、渔船船体结构、渔船适航性、渔船动力管系、渔船辅助管系。第二章为柴油机的运行管理与应急处理，介绍了柴油机的运行管理及柴油机的应急处理。第三章为渔船维修管理，介绍了船机故障分析、船机维修、备品及备件、修船管理。第四章为渔船安全管理，介绍了渔业管理法律法规相关内容、渔船防污染的规定、渔船轮机设备检验、机损事故的报告与处理。第五章为渔船安全操作及应急处理，介绍了船舶搁浅和碰撞后的应急安全措施、船舶在恶劣海况下轮机部安全管理事项、全船失电时的应急措施、航行中舵机失灵的应急措施、弃船时轮机部的应急安全措施、轮机部安全操作注意事项、应急设备的使用与管理、船舶应变部署、船内通信系统。第六章为渔船轮机人员的岗位职责和有关制度，介绍了渔船轮机人员的职责、渔船轮机值班制度、渔船船员调动交接制度、驾驶轮机联系制度、轮机日志的记载规定。第七章为常用量具和常用单位及单位换算，介绍了常用量具、常用单位及换算。

本书为渔业船员中的轮机长、管轮、助理管轮适任考试培训教材，也可供渔业监督管理机构和渔业船员培训机构人员学习参考。

前 言

为提高渔业船员培训质量，根据农业部颁布的《中华人民共和国渔业船员管理办法》和《农业部办公厅关于印发渔业船员考试大纲的通知》的要求，广东海洋大学组织在渔业船员培训领域有着丰富教学和培训经验的专家编写了本套“渔业船员培训系列教材”，并组织教学和实践经验丰富的航海类专业的教授、船长和轮机长对教材进行了审定。

在编写教材前，编者对渔业船员现状进行了调研。在准确把握渔业船员应具备的业务素质的前提下，本套教材的编写以应知应会的知识技能为基础，注重理论与实际相结合，强调船员对相关法律法规的学习与掌握。

本套教材作为渔业船员适任考试培训教材，能够满足渔业船员适任考试培训的需要，为船员的业务学习提供帮助，从而提高渔业船员整体素质。本套教材还可供渔业监督管理机构和渔业船员培训机构人员学习参考，以促进渔业监督管理水平和考前培训质量的提高。

本套教材分高级船员驾驶专业、高级船员轮机专业、基本知识及安全技能 3 部分，共 10 种。其中，高级船员驾驶专业包括《航海与气象》《渔船船艺与操纵》《渔船避碰与值班》《渔船船舶管理》4 种教材，适合船长、船副适任考试培训使用；高级船员轮机专业包括《渔船动力装置》《渔船辅机》《渔船电气》《渔船轮机管理》4 种教材，适合轮机长、管轮适任考试培训使用；基本知识及安全技能包括《小型渔船机驾》和《渔船基本安全》2 种教材。本套教材由卓永强教授担任总主编，范少勇副教授、船长和余培文博士担任副总主编。

《渔船轮机管理》由广东海洋大学余培文、袁建斌主编，其中：第一章、第二章、第三章和第七章由余培文编写，第四章、第五章和第六章由袁建斌编写。全书由余培文统稿。

本书由广州航海学院滕宪斌教授主审。

本书的编写得到了渔政管理部门领导和专家的关心和指导，得到了相关管理部门和渔业公司的大力支持和帮助，在此一并表示衷心感谢！

由于编者水平有限，书中难免存在错误和疏漏，希望广大读者和专家批评指正。

编 者

2017 年 9 月

目 录

第一章　渔船基础知识

第一节　渔船的发展与分类

一、渔船的发展概况

我国渔船发展经历了两次较大变革，一是木质渔船机动化；二是“以钢代木”的渔船钢壳化。1949 年建国初期，我国渔船基本是木质风帆船。20 世纪 50 年代起，渔船开始进入柴油机时代。渔船的功率和吨位都得到提升。目前，我国是世界上渔船数量最多的国家，约占世界渔船总数的四分之一，其中海洋机动渔船约 40 万艘，虽然数量上具有绝对优势，但是大部分渔船设备和捕捞方式都还比较落后。

随着改革开放的深入，我国渔船在渔船设备和捕捞方式方面也得到了发展。我国渔船船型正在改变以往的拖网渔船单一模式，为适应渔场的变化，已开始发展多种作业船型，如围、钓渔船。为满足远洋渔业发展的需要，我国建造了一批为远洋渔业配套的油水供应船、成品油运输船、冷藏运输等渔业辅助船，其吨位明显增大；发展了一批船长 35 m，主机功率 400 kW 左右的小型钢质新渔船，船上采用了一些新技术、新设备，如选用新型低油耗柴油机、轴带发电机、导管桨等；有的渔船也进行了船体结构的改造，如安装柱龙骨、加强护舷材等。

二、渔船的分类

通常，习惯上渔船是指对鱼、虾、蟹、鲸、海豹、海象或其他海洋生物资源进行捕捞生产作业的船舶。这类船舶也称为渔业生产船。但一些渔船队随着航程的增加，生产规模扩大，分工变细，渔船的船型由捕捞渔获进行保鲜并直接运回基地港的传统渔船船型，演变为从事捕捞、加工以及运输渔获等几种专业化的船型。由于海上加工以及运输渔获是商品性捕捞生产的继续，但又不同于直接进行捕捞生产，故从事加工与运输渔获等船舶被称为生产性的渔业辅助船，同时，也由于生产规模的扩大，为提高渔业生产效率，加强渔业生产管理以及培训渔业生产人员，又出现了渔业调查船、渔政船以及渔业训练船等船型。这些虽不直接从事商品性捕捞生产而又与整个渔业生产活动密切相关的船舶，被称为非生产性的渔业辅助船。

总之，从事渔业生产以及属于渔业系统、为渔业生产服务的辅助性船舶（包括生产性辅助船和非生产性辅助船）统称为渔船。渔船根据捕捞水域、建造材料、船舶用途、捕捞方式以及动力装置不同可以进行如下分类。

1. 按捕捞水域分:远洋渔船、近海渔船、沿岸渔船。远洋渔船指作业于无限海域的各类渔船。近海渔船的作业半径一般距岸为 200 n mile 左右。沿岸渔船在近海沿岸作业,其作业半径一般不超过 100 n mile。

2. 按建造材料分:钢质渔船、木质渔船、钢丝网水泥渔船、玻璃钢渔船、铝合金渔船。

3. 按动力装置型式分:机帆渔船、蒸汽轮机动力装置渔船、柴油机动力装置渔船、柴油机—电力推进装置渔船。

4. 按用途分:渔业捕捞渔船、渔业冷藏运输(加工)船、渔业供油船、渔政执法船、科考调查船和实习船等。

5. 按捕捞方式分:拖网渔船(单拖、双拖)、围网渔船、流网渔船、流刺网渔船、张网渔船、延绳钓渔船、专业鱿钓渔船等。

第二节　渔船船体结构

一、船体构件

船体结构中每一个加工单元成为一个构件。每个构件因为在船体中的位置和作用不同,有着不同的名称。

在结构构件中,支撑其他构件的大型组合构件被称为主要构件,如强肋骨、舷侧纵桁、强横梁、甲板纵桁、实肋板、船底桁材、舱壁桁材等。

在结构构件中,作为甲板、外板等板材的扶强材的这类构件被称为次要构件,如肋骨、纵骨、横梁、舱壁扶强材、组合肋板的骨材等。

根据构件在船体结构中承担的不同的作用强度,构件又可以分为纵向构件和横向构件。

纵向构件是承担总纵弯曲强度的构件,如甲板、甲板纵桁、甲板纵骨、内底板、船底纵骨、纵向舱壁、船体外板等。

横向构件是能承担横向强度的构件,如横舱壁、横梁、强横梁、肋板、肘板等。

二、船体结构形式

钢质的船体结构都是由钢板和骨架组成的,船体的甲板板和外板形成一个水密的外壳,里面布置着许多骨架。这种结构的优点是,在同样的结构强度条件下,其重量减轻不少。

船体结构按照结构中骨架的排列方式划分,可以分为横骨架式、纵骨架式和纵横混合骨架式三种船体结构形式。

(1)横骨架式

横骨架式船体结构是指在主船体中的横向构件排列密、尺寸小;纵向构件排列的间距尺寸大,如图 1-1 所示。其结构简单、建造容易、横向强度和局部强度好,又因其肋骨和横梁尺寸较小,故舱容利用率较高且便于装卸。横骨架式船舶的总纵强度主要由外板、内底板、甲板板以及分布在其上的纵向构件来保证，在较长的船上则需加厚钢板来保证总纵强度，因此增加了船舶的自重，同时这种船舶横向刚性比纵向刚性大，所以横骨架式结构主要用于对总纵强度要求不高的中小型船舶。

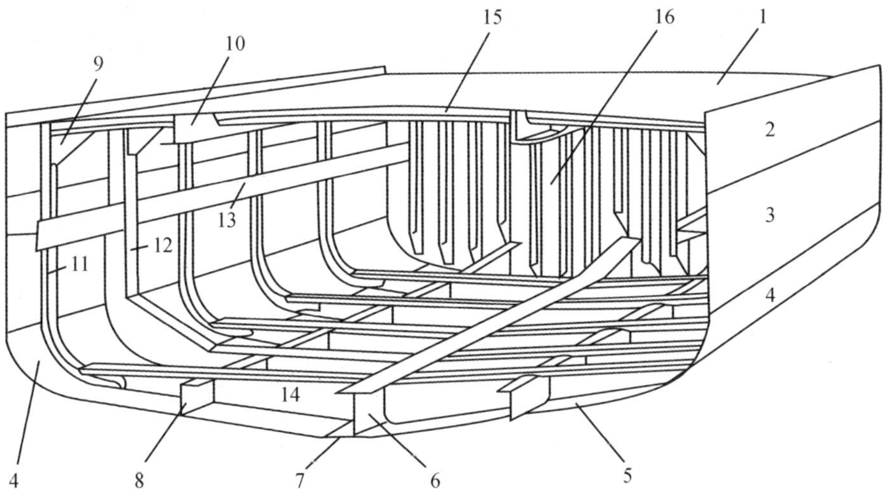

图 1-1　横骨架式结构

1—甲板板；2—舷顶列板；3—舷侧板；4—舭列板；5—船底板；6—中内龙骨；7—平板龙骨；8—旁内龙骨；9—梁肘板；10—甲板纵桁；11—肋骨；12—强肋骨；13—舷侧纵桁；14—肋板；15—横梁；16—横舱壁板

(2)纵骨架式

纵骨架式船体结构是指在主船体中的纵向构件排列密、尺寸小，横向构件排列间距大、尺寸大，如图 1-2 所示。由于纵向构件的增多大大提高了船体的总纵强度，因此可选用较薄的板材，从而使船舶自重减轻，但施工建造比较复杂，同时，由于横向构件尺寸的加大使货舱舱容得不到充分利用而影响载货量，而且装卸也不便。

(3)纵横混合骨架式

纵横混合骨架式船体结构是指在主船体中的一部分结构采用纵骨架式而另一部分结构则采用横骨架式。通常船中部位的强力甲板和船底结构因所受的总纵弯矩大，故采用纵骨架式，而下甲板、舷侧及受总纵弯矩较小、建造施工不便和波浪冲击力较大的艏艉部位则采用横骨架式结构。如图 1-3 所示，船底和上甲板结构采用了纵骨架式，二层甲板和舷侧则采用了横骨架式结构。

纵横混合骨架式综合了横骨架式和纵骨架式两种骨架形式的优点，既保证了总纵强度，又有较好的横向强度，同时，这种骨架形式也减轻了结构重量，简化施工工艺，并充分利用了舱容，而且方便装卸；但在纵横构件交界处结构的连续性较差，在连接处容易产生较大的应力集中。

三、渔船布置原则

渔船布置的基本原则是在保证具有良好航海性能的前提下，主要根据海上渔业生产的需要，经济地利用甲板面与舱容，并应注意在确保安全的基础上提高船员居住的舒适性。为了实

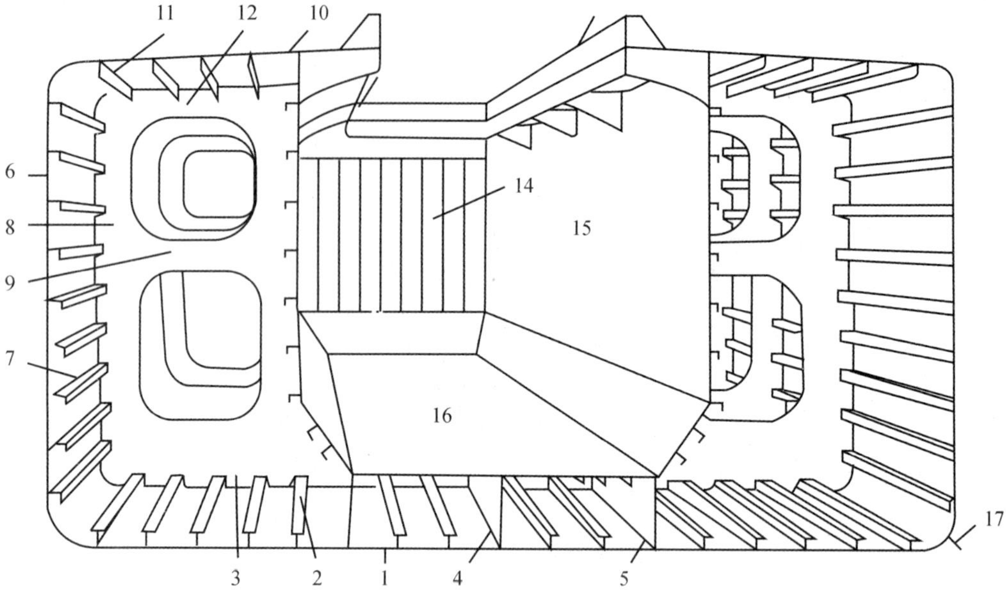

图 1-2　纵骨架式结构

1—船底板；2—船底纵骨；3—肋板；4—中桁材；5—旁桁材；6—舷顶列板；7—舷侧纵骨；8—强肋骨；9—撑材；10—甲板；11—甲板纵骨；12—强横梁；13—舱口围板；14—横舱壁；15—纵舱壁； 16—内底板；17—舭龙骨

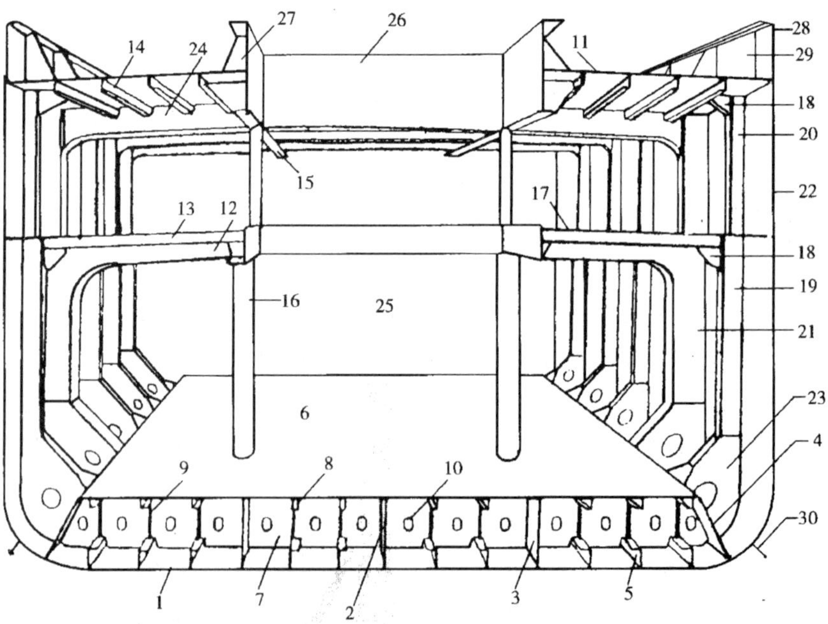

图 1-3　纵横混合骨架式结构

1—船底板；2—中桁材；3—旁桁材；4—内底边板；5—船底纵骨；6—内底板；7—实肋板；8—内底纵骨；9—加强筋；10—人孔；11—上甲板；12—舱口端梁；13—横梁；14—甲板纵骨；15—甲板纵桁；16—支柱；17—二层甲板；18—梁肘板；19—船舱肋骨；20—甲板间肋骨；21—强肋骨；22—舷侧列板；23—舭肘板；24—舱口端横梁；25—横舱壁；26—舱口围板；27—防倾肘板；28—舷墙板；29—舷墙扶强材；30—舭龙骨

现上述原则，在渔船总体布置上，除具有一般普通船舶的布置要求外，还应根据渔船营运特点，遵循下列原则：

(1)尽可能地减少在营运过程中纵倾的变化，尽量把鱼舱布置在中部，从而在渔获物装载变化的情况下，所引起的重心纵向位置变化将是不大的。

(2)水线上的受风面积不应过大。渔船的水线上侧投影面积与水线下侧投影面积之比一般为 1.2~1.8，其中大中型拖网渔船为 1.3~1.6，小型拖网渔船为 1.5~1.8。由于渔船经常在风浪中作业，受风面积过大，会带来大幅度横倾，在稳性上也会带来不利的影响。同时还应注意，水线上受风面的中心与水线下面的中心之间纵向距离不可过大；否则航向难以稳定，带来操纵上的困难。

(3)作业甲板上的布置，应考虑捕捞操作的工艺流程，力求合理与简洁。

(4)驾驶台的位置，不仅应考虑航行要求，还应考虑观察渔获物操作的视线要求，以便控制航速与船位，配合生产作业能安全地进行。盲区对渔业生产船而言不宜大于一倍船长，对渔业基地加工船一般不宜大于 1.7 倍船长。

(5)露天甲板上应有良好的排浪措施，这意味着不仅在平时上浪后能迅速排浪，而且要防止在冬季由于结冰的原因使排水口因结冰无法排浪。

(6)在严寒海域生产作业的渔船上，特别在艏部，应尽可能减少甲板上的杆架与索具，以免结冰后，重心迅速上升，使稳性变坏。

(7)对于有冷藏设备的渔船，应考虑冷藏鱼舱与冷冻机舱，冻结室尽可能靠近，以缩短管系。

第三节　渔船适航性

一、适航性基础知识

1. 渔船主要尺度(如图 1-4 所示)

(1)最大尺度

最大尺度又称全部尺度或周界尺度，是船舶靠离码头、系离浮筒、进出港、过桥梁或架空电缆、进出船闸或船坞以及在狭水道航行时安全操纵或避让的依据。最大尺度包括：

①最大长度

最大长度又称全长或总长，是指从船首最前端至船尾最后端(包括外板和两端永久性固定突出物)之间的水平距离。

②最大宽度

最大宽度又叫全宽，是指包括船舶外板和永久性固定突出物在内并垂直于纵中线面的最大横向水平距离。

③最大高度

最大高度是指自平板龙骨下缘至船舶最高桅顶间的垂直距离。最大高度减去吃水即得到船舶在水面以上的高度，称净空高度。

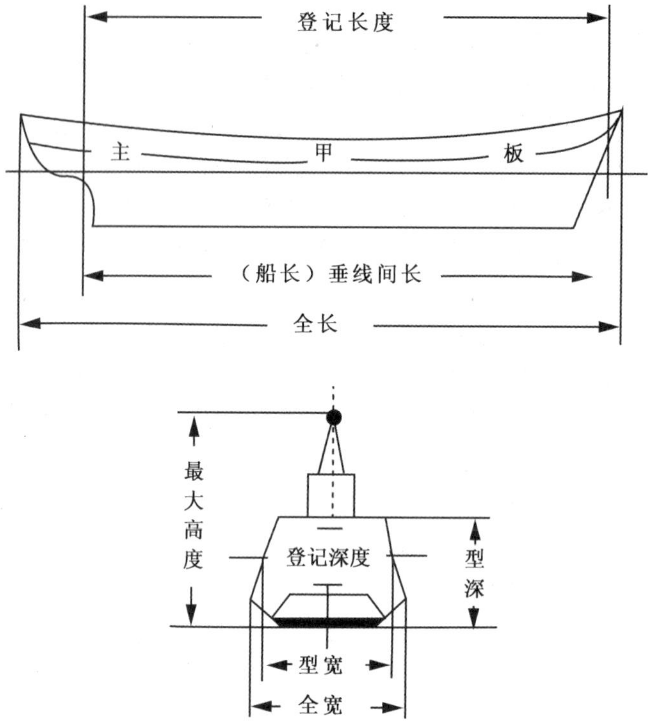

图 1-4　渔船主要尺度测量

(2)船型尺度

船型尺度是中国船级社《钢质海船入级规范》中定义的尺度，又称型尺度或主尺度。在一些主要的船舶图纸上均使用和标注这种尺度，且用于计算船舶稳性、吃水差、干舷高度、水对船舶的阻力和船体系数等，故又称为计算尺度、理论尺度。船型尺度包括：

①船长 L

船长指沿夏季载重线，由艏柱前缘量至舵柱后缘的长度，对无舵柱的船舶，则由艏柱前缘量至舵杆中心线的长度，但均不得小于夏季载重线总长的 96%，且不必大于 97%。船长又称垂线间长。

②型宽 B

型宽指在船舶的最宽处，由一舷的肋骨外缘量至另一舷的肋骨外缘之间的横向水平距离，型宽又称船宽。

③型深 D

型深指在船长中点处，沿船舷由平板龙骨上缘量至上层连续甲板(上甲板)横梁上缘的垂直距离；对甲板转角为圆弧形的船舶，则由平板龙骨上缘量至横梁上缘延伸线与肋骨外缘延伸线的交点。而在船长中点处，由平板龙骨上缘量至夏季载重线的垂直距离称之为型吃水 d。

(3)登记尺度

登记尺度为《1969 年国际船舶吨位丈量公约》中定义的尺度，是主管机关登记船舶、丈量和计算船舶总吨位及净吨位时所用的尺度，它载明于船舶的吨位证书中。

①登记长度

登记长度指量自龙骨板上缘的最小型深85%处水线总长的96%，或沿该水线从艏柱前缘量至上舵杆中心线的长度，两者取大值。

②登记宽度

登记宽度系指船舶的最大宽度。对金属壳板船，其宽度是在船长中点处量到两舷的肋骨型线；对其他材料壳板船，其宽度在船长中点处量到船体外面。

③登记深度

登记深度系指从龙骨上缘量至船舷处上甲板下缘的垂直距离。对具有圆弧形舷边的船舶，则是量至甲板型线与船舷外板型线之交点。对阶梯形上甲板，则应量至平行于甲板升高部分的甲板较低部分的引伸虚线。

(4)船舶主尺度比

船舶的主尺度仅表示船体的大小，而主尺度比却是船体几何形状特征的重要参数，其大小与船舶的各种性能关系密切。

2. 排水量、载重量和吨位

船舶吨位的度量方法有重量吨和容积吨两种。重量吨表示船舶重量，也可表明船舶的载运能力，计量单位为吨，分排水量和载重量两种。

(1)排水量：指船舶在静水中自由漂浮并保持静态平衡后所排开同体积水的重量，也等于该吃水时船舶的总重量。排水量一般可分为满载排水量、空船排水量及装载排水量三种。

满载排水量：指船满载，即船舶在装足货物、燃油、润滑油、淡水、备品、物料及核定船员等使船舶吃水达到某载重线(通常指夏季载重线)时的排水量。

空船排水量：指空船重量，指处于可正常航行的船舶，但没有装载货物、燃油、润滑油、压载水、淡水、锅炉给水和易耗物料，且无船员及其行李物品时的排水量。空船排水量可通过倾斜试验的方法求得。

装载排水量：指除满载及空船排水量外，任何装载水线时的排水量。

(2)载重量：指船舶在营运中所具有的载重能力，分总载重量和净载重量两种。

总载重量：指船舶在密度为1.025 g/cm^3 的海水中，吃水达任一水线时所装载的最大重量，它包括货物、燃油、润滑油、淡水、备品、物料、船员和行李及船舶常数等的重量。吃水不同，总载重量也有所不同，如夏季满载吃水时的总载量为满载排水量与空船排水量的差值，而任一吃水时的总载重量则为装载排水量与空船排水量的差值。

净载重量：指在具体航次中船舶所能装载的最大限度的货物重量，即净载重量为总载重量减去燃油、润滑油、淡水、备品、物料、船员和行李及船舶常数后的重量。因此，每航次均应精打细算，以求最大限度地增加净载重量。

(3)吨位：指依据船舶登记尺度丈量出船舶容积后经计算而得出的吨位，它表示船舶所具有空间的大小，又称登记吨。根据丈量范围和用途的不同，吨位可分为总吨位GT、净吨位NT。GT的作用：涉及船舶尺度时的依据；NT的作用：涉及赢利等问题时的依据。NT应不小于0.30GT。

3. 载重线、干舷和储备浮力

(1)载重线

勘划船舶载重线标志的意义就是在保证船舶安全航行的条件下,同时根据海上风浪情况,最大限度地利用船舶的载重能力,载重线标志如图 1-5 所示。

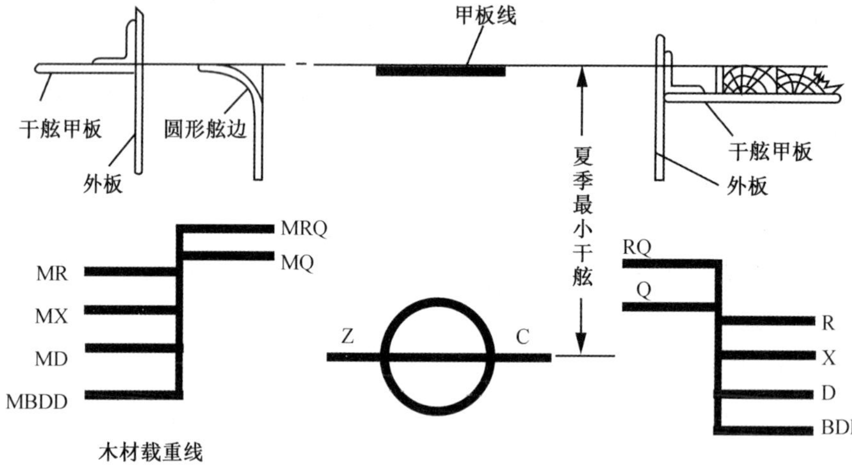

图 1-5 载重线标志

各载重线上的字母符号代表的意义如下:

"X"——夏季载重线(国际上采用"S");

"R"——热带载重线(国际上采用"T");

"D"——冬季载重线(国际上采用"W");

"BDD"——北大西洋冬季载重线(国际上采用"WNA"),对于船长大于 100 m 的船舶,不需勘绘北大西洋冬季载重线;

"Q"——夏季淡水载重线(国际上采用"F");

"RQ"——热带淡水载重线(国际上采用"TF")。

国内航行船舶的载重线标志:

国内航行船舶的最小干舷比国际航行的船舶的最小干舷要小一些。

另外,我国国内航行船舶无冬季载重线。

(2)干舷

所谓干舷,通常是指船舶夏季最小干舷而言的,它是在船中处,沿舷侧从夏季载重水线量至干舷甲板上表面的垂直距离。

(3)储备浮力

满载水线(设计水线)以上的船体水密部分的体积所具有的浮力,称为储备浮力,它应为排水量的 25%~40%。

4. 吃水和水尺

水尺是表示船舶吃水的标记,也称吃水标志,如图 1-6 所示。

用数字和线段刻画在船首、尾和船中两舷的船壳板上,分别标明相当于艏垂线、艉垂线和船中横剖面处的实际吃水值。

每个数字高为 10 cm,字与字的间隔也为 10 cm。

每一个数字的下线(与水尺线段的下缘为同一水平面)是表示该数字所指的吃水值。

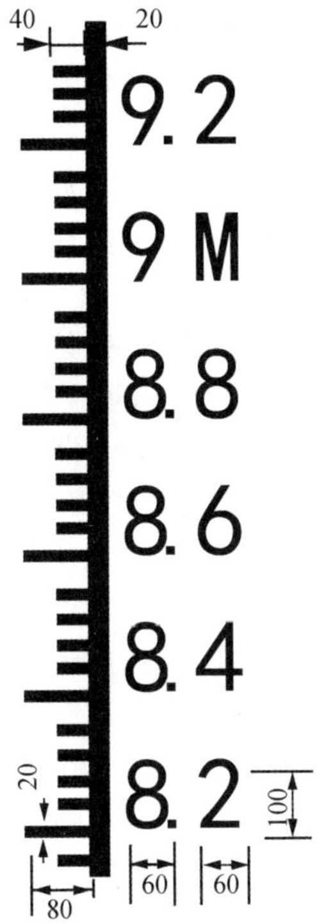

图 1-6　吃水标志

二、适航性的基本概念

(1)浮性:船舶在各种载重情况下,能保持一定浮态的性能称为船舶浮性。

(2)稳性:船舶受外力作用(如风浪等)发生倾斜,当外力消失后能够回到原来平衡位置的能力称为船舶稳性。

(3)抗沉性:船舶抗沉性,是指船舱破损浸水后船舶仍能保持一定的浮性和稳性的性能。

(4)摇荡性:船舶因某种外力的作用,使其围绕原平衡位置所作的往复性(或称周期性)的运动,称船舶摇荡运动。

(5)操纵性:船舶能保持或改变航速、航向和位置的能力。其通常包括四个方面内容:航向稳定性、旋回性、转首性及跟从性、停船性能。

三、渔船密封与堵漏

海上航行中的船舶可能因各种海损事故而破舱进水,为使船舶在一舱或数舱进水后不致沉没,并能保持一定的航行性能,船舶在建造时必须使船舶具有可靠的防水抗沉结构和一定的排水设备,并配备适当的堵漏设备。

1. 密封设备

渔船上防水抗沉结构与设备(密封设备)有双层底、水密横舱壁、各种开口的水密装置(水密门、窗)和舱底排水设备等。为了确保船舶的水密,船壳板、甲板、水密舱壁上的开口布置,构造和密性要求要符合相应规范的要求。在水密横舱壁和船壳板上应尽量减少开口。开口处应配有关闭装置。

(1)防撞舱壁上不准开任何门或人孔。凡穿过防撞舱壁的管子,都设有在舱壁甲板能控制的截止阀,其阀应安装在艏尖舱舱壁的内侧,以便在船首破损时可以将其关闭。

(2)一般船舶水密舱壁上的其他水密门,都是由手动操纵的滑动式水密门。

在船舶正浮时,用手动操纵装置将滑动式水密门完全关闭的时间应不超过 90 s,动力滑动式水密门完全关闭的时间应不超过 60 s,且应满足在船舶向任一舷横倾至 15°时也能将门关闭。操纵处所如看不到门的关闭情况时应设有指示器。

(3)船舶限界线以下的舷窗一般都采用水密性和抗风浪性强的圆形舷窗并装有可靠的铰链舷窗盖。限界线以下的舷窗可分为:

①永久关闭式舷窗。

②离港前关闭,到港后方可开启的舷窗,它的启闭时间应记入航海日志。

③航行中由船长决定是否关闭的舷窗。

(4)船壳板上的排水孔都有防止海水意外进入船内的装置。舱壁甲板以下通到船壳板外的排水孔,都配有自动止回阀,并在舱壁甲板上设有强制关闭的装置,或设两个止回阀,其中一个的高度能使得该阀随时可以得到检查,并且是经常关闭型的。

(5)和机器连通的海水进水孔及排水孔,在管系与船壳板间或管系与附着在船壳板的箱闸间装有随时可以接近的旋塞或阀门。

(6)封闭的上层建筑端壁上的所有出入口,应装设钢质或其他相当材料的门,永久地和牢固地装在端壁上,并应用加强筋加强,使整个结构与完整的端壁具有同等的强度,且在关闭时保持风雨密。保证风雨密的装置应包括衬垫和夹扣装置或其他相当的装置,并应永久装固于端壁或门上,同时这些门应在端壁两边都能进行操作。

除了另有规定外,封闭的上层建筑端壁上出入口的门槛高度,应高出甲板至少 380 mm。

(7)舱壁甲板、舱壁甲板的上一层甲板都是不透风雨的。露天甲板上的所有开口,均是可以关闭的。

(8)舱壁甲板以上第一层甲板以下所有舷窗都有舷窗盖,可以有效地关闭,并保证水密。

(9)露天甲板上设有排水口或排水孔,可以在任何气候情况下将水迅速排出舷外。

(10)排水设备

①甲板排水设备

甲板排水通过排水管系以自流方式将水迅速排出舷外。舱壁甲板以下处所或舱壁甲板上的封闭的上层建筑和甲板室的排水管在舱壁甲板下的船壳上开孔通至舷外时,均装有止回阀,以防海水侵入船内。

②舱底排水设备

舱底排水设备即舱底水管系,详见船舶管系部分。

2. 渔船堵漏

船舶不幸发生破损进水,应使用船上所配备的堵漏器材进行堵漏,以减少进水量,为排水抢修创造条件，并使船舶能保持一定的航行性能。

船上堵漏器材根据船舶的大小、类型、航区等的不同，配备的数量、规格、种类也不同。船上常用的堵漏器材包括堵漏毯、堵漏板、堵漏箱、堵漏螺杆、堵漏木塞、堵漏柱、木楔、水泥及黄沙等。船舶损坏时应根据破洞的大小、部位及损漏情况选择合适的堵漏器材进行堵漏。

（1）堵漏毯

堵漏毯（防水席、堵漏垫）用来堵船壳水下部位破洞的大型堵漏设备，虽然不能将破洞堵严，但能大大减少进水量，如图 1-7 所示。

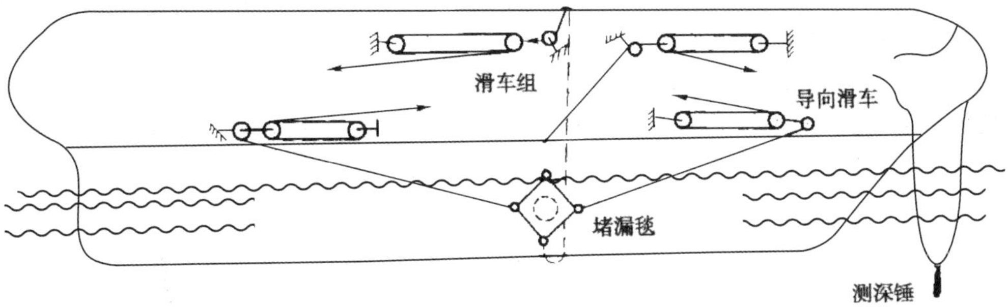

图 1-7　堵漏毯菱形挂法示意

堵漏毯的使用方法：

菱形挂法：适用于平直及弯曲船壳。方形挂法：适用于平直船壳。

堵漏毯的使用方法（以菱形挂法为例）：菱形挂法只用一根底索，如图 1-7 所示，确定破洞位置后，如用毛毯型堵漏毯，如图 1-8 所示，应将有毛的一面朝上，平放在破洞上方的甲板上，接好前后张索，系好顶索，将顶索放在堵漏毯下。将底索从船首前端兜过船底，沿两舷拉至破洞处。底索的一端用卸口接在堵漏毯上，另一端在另一舷准备绞收，即可放毯，在相对的一舷绞收底索，同时不断收紧张索，直到顶索标志到达破洞时为止，将各索收紧即可。

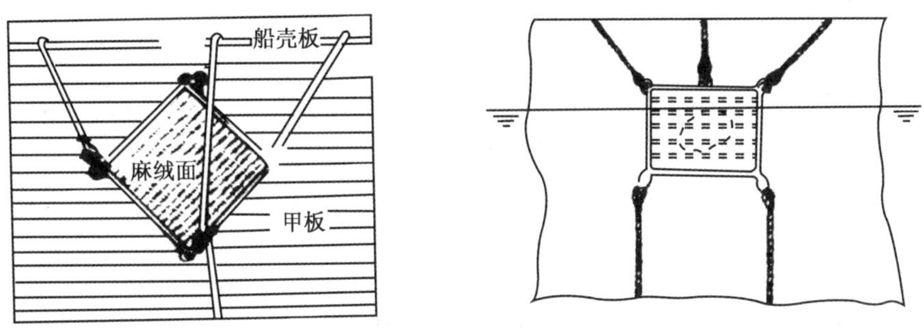

（a）菱形挂法　　（b）方形挂法

图 1-8　堵漏毯的挂法

方形挂法使用 2 根底索，操作方法与菱形挂法相似。

（2）堵漏板

堵漏板分方形、圆形折式和螺杆折式三种。

①方形堵漏板

如图 1-9 所示,方形堵漏板由吊索、铁板、橡皮垫、拉索等组成。它是由舷外向舷内堵的一种堵漏工具。使用方形堵漏板时,如破洞位于流水线以下,可在拉索一端系一小绳,小绳另一端系一木块从船内破洞推出,木块浮出水面在甲板捞起将拉索与中央眼环相连。一面松吊索,一面拉紧拉索使堵漏板贴船壳即可。

②圆形折式堵漏板

圆形折式堵漏板由拉索、橡皮垫、铰链和两折式铁板组成。它是一种简易式堵漏工具。使用方法是先将两折板折叠,从舷内破洞口伸向舷外展开,拉紧拉索压紧破洞,将拉索固定即可。

③螺杆折式堵漏板

如图 1-10 所示,螺杆折式堵漏板由螺杆、蝶形螺母、支架、铰链、三折式铁板和橡皮垫组成。使用方法是先将堵漏板折叠并与螺杆平行,在舱内从破洞伸出,转动螺杆打开铁板并与螺杆垂直,支架与舱内舷侧相抵,旋紧蝶形螺母,使堵漏板紧贴船壳即可。

图 1-9　方形堵漏板

图 1-10　螺杆折式堵漏板

(3)堵漏箱

堵漏箱也称堵漏盒,是一种从船内进行堵漏的设备。主要用来堵有较大内卷边的破洞,或有一些小型突出物的船壳裂口,或以木塞、木楔塞漏后四周仍有不规则的缝孔等。其规格一般为 400 mm×400 mm×300 mm 的无盖铁盒,使用方法如图 1-11 所示。

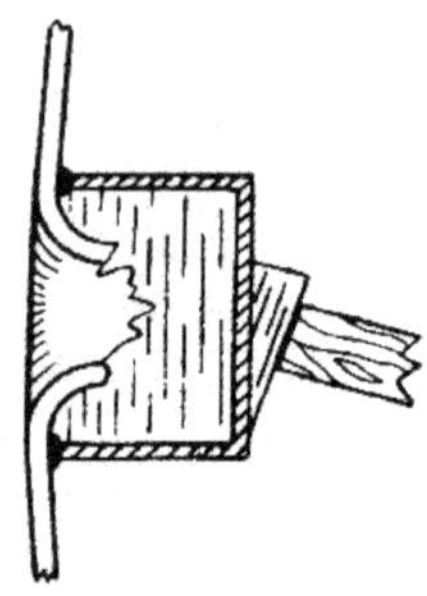

图 1-11　堵漏箱

(4)堵漏螺杆

堵漏螺杆用来堵中型破洞,并与有孔垫木、垫板和软垫圈配合使用。堵漏螺杆的组成:钩头螺杆、T 形固定式螺杆及活动 T 形螺杆,如图 1-12 所示。

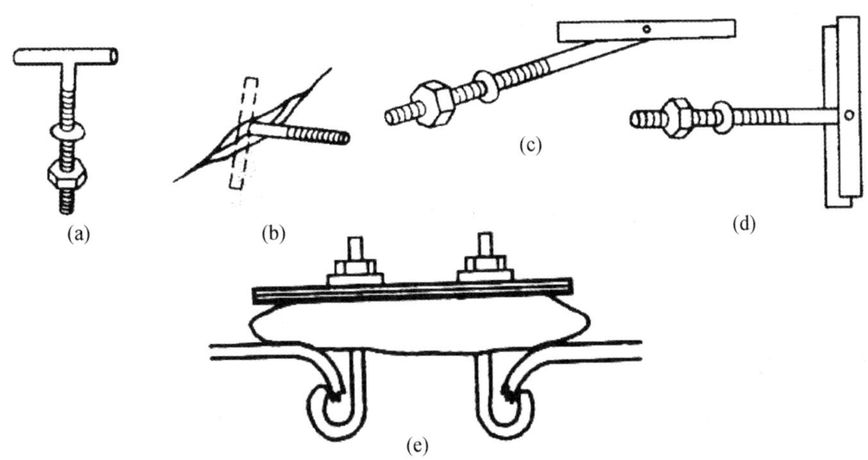

图 1-12　堵漏螺杆

(5)堵漏木塞

大的堵漏木塞可从舷外堵中型破洞。用法是，在木塞两端旋上螺丝环，在环上各系一根绳子，大的一端为吊索，小的一端为拉索。木塞用吊索吊到破洞处，在舷内用带钩的艇钩经破洞钩入拉索，拉紧系牢即可，如图 1-13 所示。

图 1-13　大的堵漏木塞的使用方法

1—吊索；2—大木塞；3—拉索；4—带钩的艇钩

(6)堵漏器材的保管

①堵漏器材应存放在水线以上易取的规定舱室内，专人保管，不能移作他用，舱室外有明显的标记。

②金属堵漏器材应在固定部位除锈防腐，在活动部位加油润滑，以保证灵活。

③纤维堵漏器材应经常晾晒通风，以防霉烂。

④木制品不要放在高温或潮湿处，以防被高温烘脆或因潮湿而霉烂。

⑤橡胶制品亦不要放在高温处，更不能涂油，以防变质老化。

⑥水泥及催凝剂，一般每半年检查一次，注意是否变质、短缺，并及时更换和补充。

⑦沙子应保持纯净，防止被油脂污垢污染。

⑧堵漏设备的检查周期一般为 6 个月。

第四节　渔船动力管系

一、燃油系统

1. 燃油系统的作用及组成

动力装置燃油系统是为主、副柴油机、锅炉等供应足够数量和一定品质的燃油，以确保船舶动力机械的正常运转。燃油系统一般是由注入、储存、驳运、净化、供给和计量六个部分组成。

2. 对燃油系统的要求

（1）燃油系统应保证在船舶横倾 10°、纵倾 7°的情况下，管路仍能正常供油。各舱（柜）间应有连通管，管路上安装截止阀。每台主机应设置独立的日用油柜。

（2）为保证系统连续供油，大中型船舶设置独立驱动的燃油输送泵，小型船舶设机带泵。如依靠重力油柜供油，则油柜必须位于柴油机高压油泵上方至少 1 m 处。现代低速柴油机加压燃油系统还需增设燃油加压输送泵。

（3）各油舱、油柜供油管路上的截止阀或旋塞应设置在舱（柜）壁上；双层底以上的储油舱（柜）的供油出口应安装速闭阀。

（4）燃油管路布置必须与其他管路隔离。燃油管路不得布置于高温处和电气设备处，不得通过水舱和起居室。如若必须经过上述地方时，则应分别采取防火、防水等有效措施。

（5）用于加热重油（燃料油）的饱和蒸汽，其压力应不大于 0.7 MPa，以防止燃油结炭。

（6）燃油管路应设置回油管路。对于燃用轻油的小型船舶，为减少设备数量，可将回油管路接至喷油泵进口处。大型船舶的主柴油机燃用轻柴油和燃料油，因此回油管路应设置两套。

（7）沉淀油柜、日用油柜应安装自闭式放水阀或旋塞，应设有收集油舱（柜）和聚油盘排出的污油水的舱（柜）。

3. 燃油系统的管理

（1）正确选用燃油。

（2）正确操作、管理燃油系统中的设备，做好燃油的净化工作。

（3）定时对各油柜进行放残。

（4）做好燃油的申领、加装与日常管理工作。

二、润滑油系统

1. 滑油系统的功能与组成

滑油系统用以保证供给柴油机动力装置各运动部件的润滑和冷却所需的润滑油。

滑油系统一般是由滑油储存舱（柜）、滑油循环舱（柜）、滑油泵、净油设备（滤器、分油机）及滑油冷却器等组成。

滑油系统的组成形式根据柴油机结构不同分为湿式油底壳滑油系统和干式油底壳滑油系统。

2. 对滑油系统的要求

（1）滑油系统的管路应简单和较短，以方便管理和节约能源。

（2）油泵位置应尽量靠近油舱（柜）。

（3）为保证正常航行，主机循环油泵至少应设置两台，互为备用，其中至少一台为独立驱动泵。

（4）主滑油循环泵或其出口管路上应设置安全阀，以防止管内压力过高，安全阀的调定压力为管路正常供油压力的 1.1 倍。

（5）滑油系统应设置滑油冷却器。

（6）为保证润滑油质量，滑油系统中应设置沉淀柜、粗滤器与细滤器、分油机等净油设备，并安装温度、压力、液位监测报警装置，以防止事故的发生。

（7）当滑油舱与燃油舱、水舱相邻时，必须设置隔离空舱，以保证滑油质量。

3. 滑油系统的管理

（1）正确选用滑油。

（2）正确调节滑油系统中的温度与压力。滑油进出柴油机的温差一般为 10~15 ℃。

（3）备车暖机：油温应达到 38 ℃左右。完车后应使滑油泵继续运转 20 min 以上。

（4）检查滑油循环柜的油位：正常油位应低于油柜顶板 15~20 cm。

（5）定期检查和清洗滑油滤器和冷却器，检查滑油冷却器的冷却水管，防止其被海水腐蚀烂穿。清洗冷却器以提高其冷却效果。

（6）定期取样检查滑油质量，对滑油的黏度、闪点、水分、酸值和杂质等进行定量检查，以判断滑油的质量。

三、冷却水系统

1. 冷却系统的作用、要求

冷却系统的作用：把冷却介质送到受热部件，将其多余的热量带走。冷却介质主要有海水、淡水、滑油、燃油和空气等，其中最常用的是海水和淡水。

对冷却系统的要求：确保充足、连续和温度适宜的冷却介质供给柴油机动力装置的各个需要冷却的部位，工作可靠和安全，便于维护管理和经济耐用等。

2. 冷却系统的种类

冷却系统分为开式、闭式和集中式三种类型。

（1）开式冷却系统

开式冷却系统的特点和应用：水温不可超过 45 ℃；主要用于某些小型船舶柴油机的冷却。

（2）闭式冷却系统

闭式冷却系统是用淡水冷却高温零部件，然后用海水冷却淡水使之温度降低后再次使用。

这是一种间接冷却方式。进口冷却水温度为60~75 ℃,出口冷却水温度为70~85 ℃,最高不超过90 ℃。闭式冷却系统结构复杂,给管理工作带来不便,造成工作量增加。大型船舶广泛采用闭式冷却系统。

(3)集中式冷却系统

冷却主机气缸的高温淡水和冷却其他设备的低温淡水均由海水冷却,高温淡水和海水之间在缸套水冷却器中进行热交换,低温淡水和海水之间在中央冷却器中进行热交换。高温淡水用低温淡水冷却,二者在缸套水冷却器中进行热交换,所以,用海水冷却的冷却器只有中央冷却器。取消了缸套水冷却器,高温淡水不再是一个独立的系统,而是通过混合阀将高温淡水和低温淡水连通,该阀根据高温淡水的温度要求来控制低温淡水进入高温淡水中的流量。高、低温淡水带走的热量全部在中央冷却器中与海水交换。

集中式冷却系统的特点:集中式冷却系统是与海水直接接触的设备、管路阀件大为减少,系统的维修工作量减少且系统使用寿命延长。集中式冷却系统采用的板式热交换器是钛合金制造,结构紧凑,耐海水腐蚀,传热效率高,便于维护保养。该系统的缺点是设备造价费用高和对维修技术的要求较高。

3. 冷却系统的管理

(1)正确使用和管理冷却系统中的各种机械、设备。

(2)正确控制冷却介质的压力。

(3)正确调节冷却介质的温度,应按冷却水或海水进入冷却器的流量来调节温度,切不可调节冷却水进机流量。淡水出口温度取上限值,进出口温差小于12 ℃。

(4)注意膨胀水箱液位的变化。

(5)定期清洁海水滤器和定期投药,以抑制海生物在系统中的生长,并在冷却系统装置内安装防腐锌块。

(6)定期对冷却系统进行水质处理。

(7)柴油机采用闭式淡水冷却时应设有开式海水冷却管路。

四、压缩空气系统

1. 压缩空气在船上的应用

(1)以压缩空气为动力,实现大中型柴油机的起动、换向、控制与操纵。

(2)向气动自动化设备和系统提供清洁的压缩空气。

(3)向海水、淡水压力柜充气,以维持其内部空气处于一定的工作压力。

(4)吹洗海底门、粪便柜、油渣柜、烟囱、空气冷却器和增压器等。

(5)作为航行中气笛、雾笛等设备的吹鸣动力。

(6)作为消防系统的动力源,例如粉末灭火剂的喷射动力。

(7)作为气动动力系统的能源,如气动工具、气动仪表等。

(8)作为船上的救生艇、舷梯起落装置的动力源。

(9)机舱和甲板处所的杂用。

2. 对压缩空气系统的要求

(1)供主机起动用的空气瓶(主空气瓶)应至少有2个,其总容量应在不充气的情况下,保证每台可换向的主机能从冷车连续起动不少于 12 次，对每台不能换向的柴油机能从冷车连续起动不少于 6 次。

（2）用压缩空气起动的主机应至少设两台空气压缩机，其中一台应为独立驱动，其总排量应满足在 1 h 内使空气瓶由大气压力升至连续起动所需要的压力。对无限航区的船舶，还应设置一台应急空气压缩机，以保证对空气瓶的初始充气。

（3）在空气压缩机、空气瓶、大型低速柴油机的起动总管上安装安全阀和其他相应的阀件。安全阀的开启压力不应大于工作压力的 1.1 倍，在空气压缩机与空气瓶之间应安装油、气分离器或过滤器。安装火焰阻止器、止回阀、装易熔塞，熔点约为 100 ℃。

3. 压缩空气系统的组成

压缩空气系统由两台主空压机、两个主空气瓶和压力表、减压阀、空气滤器等附件组成

4. 压缩空气系统的管理

（1）空压机应处于随时起动状态；定期检查曲柄箱油位和油质；注意倾听空压机运转声音，特别是起、停车过程中的气流声音；注意察看各仪表的读数是否正常。

（2）保持空气瓶中空气压力在 2.0~2.5 MPa，并定期放残水。

（3）定期校验安全阀和检验空气瓶。

（4）定期清洗空气滤器和放出滤器中的残水。

第五节　渔船辅助管系

一、舱底水系统

舱底水管系主要用于排除因船舶舱口盖水密装置的老化渗漏、清洗舱室水及湿空气冷凝水、艉轴与舵杆套筒填料函的老化渗漏、机器与管路的渗漏等最终集聚于货舱与机舱底部而形成的污水。此外，在船舶发生海损事故而使舱室进水时，舱底水管系也可用来作辅助排水设备进行排水。

舱底水管系（俗称污水管系）由舱底水泵、舱底水管、舱底水吸口、阀件及有关附件组成。

1. 对舱底水系统的要求

（1）所有机动船舶均应设置舱底水系统，并能有效地使用该管系排除任何水密舱中的积水。

（2）船底水系统应在船舶正浮或横倾不超过 5°时，均能通过不少于 1 个吸口（一般均应在两舷设置吸口）排干任何舱室或水密区域内的积水。

（3）系统中的管路应能防止舷外海水、来自压载水舱的水进入货舱或机炉舱，或从一舱进入另一舱的可能性。

（4）为防止各舱底水互相连通，管路中的分配阀箱、舱底水管和直通舱底水支管上的阀门均应为截止止回阀，以保证舱底水系统管路中的水流为单向，即只出不进。

(5)舱底水泵、压载水泵、消防水泵等若相互连通时，管路布置应保证各泵同时工作而不相互干扰。

(6)舱底水泵应为自吸式泵。

(7)机舱船底污水必须经过油水分离器处理达到防污公约排放标准方可排出舷外。

2. 舱底水系统的布置原则

(1)为能吸干舱底积水，各吸入管的吸入口皆应布置在每个舱底的最低处。在有舭水沟的船舱中，吸入口可位于该舱两舷的最低一端；当无舭水沟时，则需在两舷或纵中剖面处设有污水井，以便吸出。

(2)为操作方便和简化管路，位于机舱前、后的货舱和管隧及各隔离空舱污水，都应各自从吸入口经吸入支管分组汇集于各舱底水阀箱，然后再经舱底水总管通至舱底水泵的吸入口。在通至各干货舱的管路上应安装不少于两个截止止回阀。

(3)机舱是整个船舶的要害地区，且经常积水较多，所以应设两个以上的吸管吸入口，并且至少有一根吸入支管与舱底水泵直接相连，其余则经舱底水总管通至舱底水泵。此外，为了在机舱破损时能应急排水，在主机机舱还应设置一个应急舱底水吸口。该吸口一般应通向一台主海水冷却泵并装设截止止回阀，阀杆应适当加长，以使手轮高出花铁板至少 460 mm。应急舱底水吸口间应安装永久性的清晰铭牌。

(4)当舱底水系统具有承担船舶海损时应急排水的任务时，其舱底水管的直径在设计时应按要求进行设计。

(5)舱底水泵应具有自吸能力。

(6)在远洋船舶上应有两台以上的舱底水泵，机器处所和轴隧内每根舱底水支吸管及直通舱底泵吸管(应急吸口管除外)均应设置泥箱，以过滤舱底水。该泥箱应易于接近，并且自污泥箱引一直管至污水井或污水沟，直管下端或应急舱底水吸口不得设滤网。除机器处所和轴隧外的其他舱室的舱底水吸口端，应封闭在网孔直径不大于 10 mm 的滤网箱内。滤网的流速面积应不小于该舱底水吸入管截面积的 2 倍。

3. 舱底水系统的管理

舱底水系统的管理主要包括对舱底水系统中的各种设备的正确使用与维护；严格遵照国际海事组织(IMO)的国际防污公约的要求进行排污。

(1)按要求排放含油舱底水。经轮机长和驾驶员同意方可排放含油舱底水，并填写油类记录簿。

(2)注意检查舱底水系统各种设备的工作情况。

(3)定期检查污水井水位，并及时将污水排入污水舱。定期测量污水舱水位，视情况用油水分离器处理污水舱的污水，并做记录。定期检查机舱污水井报警装置。

(4)定期清洗各污水井和舱底水泵吸入口处的滤器、泥箱，疏通污水沟与污水井；船员切勿乱丢棉纱、破布和塑料制品等，以免造成堵塞。

(5)排放舱底水时应分区域排放，不宜同时打开全部舱底水的吸口，以免造成泄漏，使排放速度降低。

(6)定期检查机舱应急舱底水吸口，加强维护管理，确保排水的有效性。

二、压载水系统

1. 压载水系统的作用和组成

压载水系统的作用是根据船舶营运的需要，对全部压载舱进行注入或排出，以达到下述目的：

(1)调整船舶的吃水和船体纵、横向的平稳及安全的稳心高度。

(2)减小船体变形，以免引起过大的弯曲力矩与剪切力，降低船体振动。

(3)改善空船适航性。

压载水系统主要由压载水泵、压载水管路、压载舱及有关阀件组成。

一般船上可用艏尖舱、艉尖舱、双层底舱、边舱、顶边舱与深舱等作为压载水舱。艏、艉尖舱对调整船舶的纵倾最有效，边舱对调整船舶横向平衡最有效，而调节深舱压载水量可有效地调整船舶的稳心高度。

2. 压载水系统的要求

压载水系统应具有“可进可出”双向流动的工作特点，应满足以下要求：

(1)压载水系统的管路上不可设置任何形式的止回阀。

(2)压载水管路应设置在双层底舱中央的管隧内，不可穿过货舱，以防管道泄漏造成货损；也不得穿过饮水舱、炉水舱和滑油舱。

(3)艏尖舱压载水管在穿过船首防撞舱壁时，应在甲板上设置截止阀，以便发生船首海损时可立即在甲板上关闭该阀，防止海水进入压载水系统。

(4)为便于日常操作管理，各压载水舱的控制阀应相对集中。对于设有集中式遥控操作的压载水系统，其控制台应设在机舱以外，以便于甲板人员使用。

(5)货舱或油舱(包括深舱)用作压载水舱时，压载水管系应装设盲板或隔离装置，同样，饮用淡水舱兼作压载水舱时亦应如此，以免两个系统相通。

(6)含油压载水的排放应符合有关防污规定。

3. 压载水系统的管理

船舶压载水系统的日常操作是按甲板部的要求进行，系统中的各种设备均由轮机部负责日常维护管理。要点有：

(1)压载水泵通常是大排量低压头离心泵，起动前应注油、盘车，确认无卡阻后全开吸入阀、全关排出阀进行封闭起动，以防大起动电流冲击电网，随后逐渐开大排出阀。

(2)注意压载水泵轴封处的泄漏情况，轴承应定期加油润滑。

(3)压载水泵出口压力一般为 0.15~0.25 MPa，可通过泵的进、出口间的旁通阀进行压力调节。

(4)熟悉设备位置，防止误操作。为防止开错，阀应涂不同颜色油漆以示区别。此外，压载水舱较多，应列出操作程序使操作规范化。

三、消防系统

1. 消防系统的作用和分类

消防系统的作用是预防和制止火灾的发生和蔓延,并可迅速灭火,将火灾的损失程度减至最低。

船舶应设置固定式消防系统。

船舶消防的基本原则是防火、探火和灭火。

船舶消防系统实际上指的是船舶的灭火系统。

固定式消防系统主要分为四大类,即水消防系统、气体消防系统、泡沫消防系统和干粉消防系统。

2. 各固定式消防系统的组成、要求及布置

(1)水消防系统

水消防系统是所有船舶均必须设置的固定式消防系统,由消防泵、管路、消火栓、消防水带和水枪等组成。扑灭可燃固体物质火灾可采用直流水枪,通过冲刷、冷却作用来灭火;扑灭可燃液体物质火灾可采用喷雾水枪,通过覆盖、冷却作用来灭火。

水消防系统的要求主要有:

①所有消防泵应为独立机械系统,通常采用离心泵。

②消火栓的布置和数量应满足船舶灭火要求的有关规定,消火栓或阀的位置应便于船员使用。

③水消防系统的工作应可靠,其布置应能满足消防泵向一舷或两舷同时供水。锚链冲洗水一般取自水消防系统,应设置隔离阀,以便灭火时切断锚链水供给。

④消防泵应具有单独的海底门。

(2)气体消防系统

气体消防系统主要是指 CO_2 消防系统。

CO_2 的特性:在空气中的含量达到 15%以上时能使人窒息死亡;含量达 28.5%时可使空气中的含氧量降至 15%,使一般可燃物质的火焰逐渐熄灭;含量达 43.6%时使空气中的含氧量降至 11.8%,能抑制汽油或易燃气体的爆炸。

CO_2 消防系统适用于货船、油船的灭火,也适用于电气火灾和机舱火灾的扑救。CO_2 消防系统利用 CO_2 的窒息和冷却作用灭火。

对 CO_2 消防系统的要求:

①CO_2 灭火剂应储存在上层建筑或开敞的甲板上,通风良好,储存温度为 0~45 ℃,以保证其安全与工作可靠。

②全部 CO_2 灭火剂储存量按规定要求,至少为各被保护舱室灭火需要量的最大值,其中货舱,要达到舱容的 30%;机舱,要达到舱容的 35%~40%。

③由于 CO_2 的窒息作用,当空气中 CO_2 含量达 5%时人的呼吸困难,超过 10%时人有生命危险,所以船上 CO_2 管路不准通过起居室处所及经常有人的舱室。使用 CO_2 灭火剂时应先发出声光报警信号。

④CO_2 灭火系统的操作控制机构应设置在灭火舱室以外且短时间内能达到的地方。

⑤采用 CO_2 灭火的舱室应设水密门,以便灭火时隔绝失火舱室的空气,提高灭火效果。

⑥CO_2 储存容器上按规范要求安装安全装置。

渔船 CO_2 消防系统主要用于机器处所和燃油设备处所等。系统是由 CO_2 钢瓶、瓶头阀、分配阀、起动装置、压力表、管路和自动烟雾探测装置等组成。在 CO_2 消防系统中配置烟气自动探测报警装置。烟气探测装置有感烟式、感温式和感光式。货舱多采用感烟式装置,居住舱室一般采用感温式装置,机舱采用感光式探测装置。

(3)泡沫消防系统

泡沫是一种由碳酸氢钠与发泡剂的混合液和硫酸铝混合接触产生的 CO_2 泡沫,分为低、中、高膨胀泡沫,比重小于油。灭火时泡沫覆盖于油面使之与空气隔绝,从而灭火,因此非常适合于油类火灾的扑救。低膨胀泡沫消防系统常用于油船油舱区域,高膨胀泡沫消防系统用于各类船舶的机舱和油船的货油泵舱。

(4)船舶消防系统的管理

①定期对消防系统进行检查和维护,保持其处于可使用状态,以便在出现火情时进行有效的扑救。

②定期进行消防演习,通过演习发现防火、灭火措施及消防系统中存在的问题,以使之工作可靠,也可使人员训练有素。

③如用 CO_2 灭火,需要的 CO_2 量是根据被保护舱室的容积来计算的,灭火时 CO_2 气体的容积应能达到灭火浓度(30%~45%)。CO_2 钢瓶每两年称重一次,重量减少量不得超过 10%。

四、日用海淡水系统

1. 日用海淡水系统的作用与组成

日用海淡水系统的作用是满足船员日常生活用水需要,可分为饮水系统、洗涤水系统和卫生水系统。

(1)饮水系统主要供应炊事用水、饮用水和医疗用水等。

(2)洗涤水系统主要供应浴室、洗衣室、洗物池和洗盆等处的冷热洗涤水。

(3)卫生水系统从舷外吸取海水供厕所、洗脸间和浴室等处冲洗用。

日用水系统的主要设备有水泵、水柜、热水器、供水管和阀件等。

日用水系统有两种供水方式:重力供水和压力供水。大中型海船基本上采用压力供水方式。压力供水的特点是设置压力水柜,借助水柜中空气的压力将水送至各用水处,这种压力水柜的布置不受高度的限制。

2. 对日用海淡水系统的要求

(1)采取分区供水。

(2)供水干管应力求避免通过起居室、粮库和物料舱等处。通常各种供水干管敷设在各层甲板两边走道上方,然后再由干管引出支管到附近的各室内用水设备。

(3)当几个用水区相距较远时,可按分区设置热水器,分别向集中在各自区内的几个用水处供热水,以免热水管路过长。

（4）压力水柜应符合有关受压容器标准的要求。

3. 日用海淡水系统的管理

（1）压力水柜要及时补气，使其压力维持在正常范围内。

（2）若压力太高，会导致压力水柜水位太低，水泵起停频繁；若压力太低，则压力水柜中的水到不了高层甲板。

五、通风系统

1. 通风系统的作用

船舶通风系统一般是指机舱通风系统。机舱通风系统的作用就是降低机舱的温度，排除各种油气、水蒸气和供应新鲜空气以保证动力装置正常工作及改善管理人员的工作和卫生条件。

通风方式一般分为自然通风和机械通风两类。

2. 对通风系统的要求

（1）通风管不得通过舱壁甲板以下的水密舱室。

（2）在开敞的干舷甲板和后升高甲板以及开敞的上层建筑甲板上的通风筒，通往干舷甲板或封闭上层建筑甲板以下的处所时，应有钢质或其他相当材料的接管，其结构坚固并与甲板有效地连接，如果通风筒甲板接管的高度超过 900 mm 时，则应有适当的加强支撑。

（3）通过非封闭的上层建筑的通风筒，应在干舷上有坚固结构的钢质或其他相当材料的接管。

（4）机器处所应有足够的通风，以保证其中的机器或锅炉在所有气候，包括恶劣气候条件下全功率运转时，该处有足够的空气供应，从而确保工作人员的安全和舒适以及机器的运转。

（5）所有锅炉自然通风用的风斗应具有能将风斗转至任何所需位置并能加以固定的转动装置。

（6）通风头应设在开敞甲板上，并尽量远离排气管口、天窗和升降口等处。

（7）通风系统还应满足消防方面的规定。

3. 通风系统的管理

（1）定期清洗通风头、通风管，防止其脏污严重。

（2）定期检查通风管支撑，以防松动。

（3）定期检查通风机的径、轴向间隙，看其是否在规定值之内。若超出，应进行调整。

（4）定期检查叶轮的磨损或损坏情况，若过度磨损或损坏，应更换。

（5）严格按操作规程操作风机。

本章思考题

1. 渔船可以分为哪些类型？

2. 渔船的主要尺度有哪些？

3. 渔船动力系统由哪些部分组成？

4. 船舶消防系统分为几类？如何进行管理？

第二章　柴油机的运行管理与应急处理

第一节　柴油机的运行管理

一、柴油机的操纵

(一)柴油机的备车、起动和机动操纵

一般来说,在开航前应提前备车。备车的目的是使船舶动力装置处于随时可起动和运转状态。虽然各种船舶的机型、辅助设备等不尽相同,但备车内容大致相同,应包括:供电准备;核对与校正船钟、车钟、试舵、暖机;各动力系统的准备;盘车、冲车与试车等。

1. 供电准备

在备车工作中,起动功率大的设备较多,如空压机、淡水泵、通风设备等,使用电量迅速增加,因此应根据需要起动备用发电柴油机并电。

2. 暖机

暖机是指首先加热主机的冷却系统和润滑油系统进行预热,并起动冷却水循环泵和滑油循环泵给机器各部件加温和向各运动摩擦表面供应滑油的过程。暖机的目的是通过对气缸各部件的预热,减少起动后由于温度突变产生的热应力;改善起动性能和发火性能;减少气缸内的低温腐蚀等。

3. 各动力系统的准备

(1)滑油系统的准备

①检查主机滑油循环柜,不足时应补充至规定油位。

②起动滑油分油机,并加热滑油。此项工作最好提前数小时进行。

③起动滑油循环泵,检查并调整油压至规定值。

(2)冷却系统的准备

①首先检查膨胀水箱的水位和系统各阀门是否处于正常状态。

②起动主机淡水泵,让淡水在系统中循环,同时可开启主、副机冷却水联通阀,将正在运行中的副机冷却水系统中的热淡水输入主机冷却系统进行加热保温。暖机结束后应关闭联通

阀,也可以通过开启蒸汽加热器阀加热冷却淡水。

③对于水冷活塞,要检查各缸冷却水的流动情况和水柜水位。

④对于独立冷却系统的喷油器,应起动喷油器冷却泵,检查冷却器冷却柜液位,必要时可进行加温预热。

(3)燃油系统的准备

①检查主机日用轻柴油和重油柜的油位,不足时应补充至规定油位,并注意放残。

②对重油日用油柜加温至规定范围。

③起动燃油输送泵,将系统中的气体驱走,调至规定压力。

(4)压缩空气系统的准备

①起动空压机,将空气瓶充气至规定压力,并泄放气瓶内的残水、残油。

②打开气瓶出口阀、主停气阀等。

4. 盘车

(1)打开各气缸示功阀。

(2)盘车数转,观察柴油机在完成一个工作循环过程中各部件有无卡阻现象。

5. 冲车

(1)利用起动装置(不供给燃油)使机器转动,将气缸中的杂质、残水等从示功阀处冲出。

(2)观察是否有水或油从各缸示功阀中冲出;若有,应查明原因并予以排除。

6. 试车

试车的目的是为了检查起动系统、换向装置、燃油喷射系统、油量调节机构及调速器工作是否正常。

(二)机动操纵

船舶在离靠码头和进出港口时,柴油机的起动、停车和各种运行状态变化频繁,当班轮机员应严格执行车令,并能进行正确的管理与操纵。

1. 机动操纵时的操作

当机舱接到驾驶台机动操纵的指令时,轮机部应立即备车:

(1)主机按规定的换油程序换用轻柴油。

(2)机动操纵时应保证供电。

(3)空气瓶应随时补足空气,保证要求的压力。

(4)当班轮机员必须集中精力,使各运转设备的主要参数在规定的范围内,必要时进行适当调整。

2. 机动操纵时的安全事项

(1)主机起动操作时,应尽量做到一次起动成功,油门不能给得过大,防止柴油机发生冷爆。

(2)在船舶起航和加速过程中,不应加速过快,以防柴油机负荷过大。

(3)应快速越过转速禁区,防止机器发生剧烈振动。

(4)在进行倒车操纵时,应控制油门,避免柴油机超负荷。

3. 机动操纵时的管理

（1）机动操纵所设定的车速应当是机动操纵转速或港速或系泊试验转速。

（2）当值轮机员除处理紧急故障外，不得远离操纵台或离开集控室。

（3）轮机长应监督轮机员进行各种操作；监控各设备运行状态；及时与驾驶台取得联系；及时处理各种突发事件。

（4）机动操纵期间，船舶航行状态多变，要随时注意配电板各仪表的工作情况，注意观察和调节冷却水、滑油的温度和压力，保持空气瓶压力在允许范围，注意各缸排气温度值的变化，注意各主要设备的工作状态。

（5）机动航行时间不管多长，轮机长都必须始终在集控室监督和监控机动操纵整个过程，直至机动操纵结束才能离开集控室。

二、柴油机运转中的管理

轮机管理人员经过日常的检修和测量工作应使柴油机及其装置处于正常的技术状态。在运转管理中，值班人员应精心操纵，严格管理，按时进行工况的巡回检测，使柴油机及其装置的各种技术参数处于正常范围之内，并认真做好交接班工作。这样，才能有效地保证柴油机及其装置始终处于安全可靠和经济的运行状态。

柴油机稳定运转后，评价一台柴油机技术状态和运转性能的主要依据是燃料在气缸中的燃烧情况和各缸负荷分配的均匀程度，以及各零部件和系统的工作情况。为了保证柴油机及其装置处于正常的技术状态，柴油机运转中应做好以下工作。

1. 运转中的热力检查

热力检查的目的是为了检查和确定发动机各缸燃烧是否良好以及负荷分配的均匀度。这是发动机正常运转、可靠工作的必要保证，也是衡量发动机运转性能和技术状态的主要内容之一。

运转中，应注意喷油设备技术状态的变化，特别是喷油器性能不良常引起气缸燃烧恶化和各缸负荷的变化。对喷油器的检查可以通过检测排气温度、观察排气颜色以及打开示功阀观看火焰情况等方法进行。

各缸排气温度值要按说明书的要求限定；各缸排气温度最大温差不应超过平均值15～20 ℃（或5%）。同时应检查各缸冷却水、活塞冷却液及废气涡轮增压器冷却水出口温度，这些温度都应符合规定值，而且应各缸基本一致，最大温差不得超过4～5 ℃。在柴油机状态良好的情况下，排气温度能大致反映各缸燃烧的状态及喷油设备的工作情况，了解负荷分配的大概状况。应在适当时机测取各缸示功图（或测量爆炸压力），从而分析和判断各缸负荷大小和分配是否均匀。根据实测数值对各缸负荷作适当调节。

增压空气的压力、温度、空冷器前后增压空气的压差是判断柴油机燃油燃烧状况、排气温升的主要依据之一，故管理中应予以重视。

2. 运转中的机械检查

机械检查的目的是为了保证发动机各部件和系统均处于正常的技术状态。

看、摸、听、闻是管理者最直接又简单的手段。优秀的轮机员应能通过人体的感觉器官判断出故障发生的苗头并及时排除，保证机械设备正常运行。不正常的运转声响可反映出机件受损；异常温差反映出机器或系统内部存在问题；刺激性气味表明机械设备温度异常高或滑油变质；运行中经常边巡检边触摸机器外部机件，从温差、振动、脉冲等角度判断设备工作是否正常。机械设备连接处、阀件等的泄漏要及时发现并迅速查明原因并予以解决。

为了确保机器各部件处于正常的技术状态，除加强日常维护管理外，在航行中应加强各主要系统的管理。

(1)冷却系统的管理

巡回检查时，应注意主、副机膨胀水箱、喷油器冷却水柜的水位变化并注意水量的消耗，如发现水位上升或下降必须查明原因及时排除故障。各缸冷却水出口温度应符合说明书规定，温差应符合要求。如出现异常，应结合排气温度、喷油设备及增压系统的技术状态进行分析。水温调节应符合说明书要求，不能过低或过高。通常大型低速机的出口温度为 65~70 ℃，各冷却器海水出口温度为 45~50 ℃。

空冷器出口的扫气温度不得低于 25 ℃，不得高于 45 ℃。

冷却系统的自动温度调节器应始终保持正常工作状态。

(2)滑油系统的管理

大型低速柴油机主滑油循环泵出口压力一般为 0. 15~0. 4 MPa。滑油冷却器前温度为 50~55 ℃，不超过 60 ℃，冷却器前后温差为 10~15 ℃。对于高中速柴油机，滑油压力与温度值均稍高些。

注意检查滑油循环柜油位，若发生变化应及时查明原因并排除故障。

对油泵和滤器前后压差的变化要注意检查，滤器清洗后必须驱气才能投入系统工作。

加强滑油分油机的管理，保证滑油的分离净化，使油质符合使用要求。

进、排气阀杆要按时注油，防止过快磨损。

对非压力式润滑的各活动部件要定时加注滑油或油脂。

(3)燃油系统的管理

应注意各燃油舱合理使用，保持船舶的平衡；注意燃油的加温、驳运、沉淀、净化、储存和计量。在值班时应注意检查日用油柜的油位和温度，按时排放柜中的残水。

应定期清洗燃油滤器，清洗后必须充油排气。当风浪天航行(渔捞作业)时，滤器须转换清洗，避免供油中断。

注意对高压油泵、喷油器的工作状态和对高压油管的脉动情况进行检查。综合考虑泵体发热、油管脉动及排气温度变化等情况，分析气缸内燃烧和喷油器的工作状态。

(4)增压系统的管理

废气涡轮增压器是高速回转机械，在运行中要观察其运转的平衡性，有无异常振动和声响；注意检测增压器的转速、润滑和冷却情况及增压空气压力。应加强对增压器的维护与管理，防止喘振的发生。

压气机流道和废气流道应按说明书规定的时间间隔进行水洗和“干洗”。

此外，应充分注意空气冷却器(尤其是空气侧)脏堵对柴油机运转状态的严重影响，因而对空气冷却器必须定期化学清洗(空气侧)，空气冷却器(水侧)的清洗较为方便，也必须定期人工清洗。

三、柴油机停车完车后的操作

正常情况下的停车应保持各系统正常运转，主机处于随时可用状态。此时主机尚处于备车状态，操作要点与机动操纵一致。当接到“完车”指令后，应该做好以下完车操作：

关闭起动空气和控制空气系统的相关阀门，如主起动阀、空气瓶出口截止阀、控制空气阀等，保持空气瓶压力。

停掉燃油增压泵，并关闭相关阀门。

滑油系统和冷却水系统保持运转一段时间（一般为 30 min 以上）。

打开示功阀，盘车。

打开放残阀。

主海水泵切换为停泊海水泵。

如果发电机处于并联运行状态，如果没有特殊需要，可以解列并停掉一台发电机。机舱值班转为停泊值班。

第二节　柴油机的应急处理

一、封缸运行

柴油机在运行中，当任意一个或两个气缸发生了故障，一时无法排除，可采取停止有故障气缸运转，确保柴油机继续运转的措施，称为封缸运行。

1. 封缸运行的方法

（1）单缸停油

如果某缸发生故障，如喷油泵、喷油器故障，气阀咬死，气缸严重漏气，拉缸等，这些故障或使气缸不能发火而运动件尚可运转。在此情况下，可提起喷油泵滚轮使喷油泵停止工作，或打开喷油器的回油阀使燃油停止喷入气缸。不能采取关闭喷油泵的进出口阀的做法，这将造成喷油泵偶件干磨咬死。

只采取停油而不拆除运动部件的情况，也称为减缸运行或停缸运行。因为只是单缸停油，活塞在压缩行程必然消耗机械能，因此，必须将单缸停油气缸的示功阀全开。此外，还应采取如下必要措施：

①适当减少该缸滑油和冷却水的供给，打开示功阀减少能量消耗，同时可以减小因缸内积油过多造成爆燃的可能。

②适当降低柴油机的负荷，保持柴油机运转平稳以及其余各缸不超负荷，同时防止增压器发生喘振。降速运转时注意防止机体或船体因平衡失配而振动。

如果是发生气缸盖或气缸套向缸内漏水这样的故障，作为短时的应急处理措施，也可以采取单缸停油，除前述操作外，还需将排气阀锁定在开启位置，关闭气缸冷却水进出口阀，拆除通向该缸起动阀的起动空气和控制空气管并将管接头封死。

(2) 拆掉活塞和连杆

需要长时间封缸运行,或者活塞、缸盖或缸套有裂纹或损坏等情况下,可以采取拆除活塞和连杆的封缸运行。

2. 封缸运行的应急处理

(1)在封缸运行时,为防止柴油机超负荷,其余各缸的供油量和排气温度不允许超过标定值。如排气温度太高,应适当降低柴油机的转速和负荷。

若封掉两个气缸工作,特别是连续发火的两缸,柴油机工况将更恶化。

(2)封缸运行时,因一缸停止供油,废气涡轮增压器的空气流量减少,因而可能发生喘振。如果连续不断或间歇地发生喘振现象,那么柴油机就不能在此转速下运行,应降低转速直至喘振消除为止。

(3)封缸运行时,个别缸的某些运动部件被拆除或受力情况变化,破坏了柴油机的平衡性,因而可能在某些转速范围内产生强烈的振动。如果振动异常强烈,应把柴油机转速进一步降低。

(4)应注意到被封的气缸处于起动位置时,柴油机无法起动。应通过盘车将柴油机转至最佳起动位置。

总之,封缸运行时,轮机长应综合考虑排气温度、振动、喘振等因素,选择适宜的转速保持柴油机运行。

二、停增压器运转

废气涡轮增压器是高速回转机械,运转中发生损坏,柴油机应立即停车,尽可能减少损坏程度。停车后经检查如发现增压器轴承损坏、叶片断裂使增压器无法运转且又不能在短时间内很快修复时,应立即停止增压器运转,使柴油机在低负荷下继续运行。

在不允许柴油机停车的情况下,废气涡轮增压器损坏后,为了满足应急运行以免危及船舶安全,柴油机只能在涡轮增压器损坏的状态下,短时间内强制低速运行。这时,柴油机应无明显的异常振动,同时控制排气温度不超过限定值。当船舶处于安全状态时,再停车处理增压器故障。

1. 停增压器的具体方法

(1)如果条件不允许停车,发生故障后首先采取降速运转措施,将柴油机转速降至机器无明显振动区域,维持全部气缸继续工作。

(2)如果没有足够的时间来修理,可采取把损坏的增压器转子锁住的应急措施,并使柴油机维持低速运转。

(3)如果需要柴油机继续长时间运行,应将增压器转子抽出,用盖板将壳体两端封住的办法进行应急处理,以保证柴油机仍可继续低速运转。

2. 四冲程柴油机停增压器运行

四冲程柴油机停增压器运行时,相当于非增压柴油机,依靠活塞的吸排作用,仍可将废气排出和新气吸入。但因气阀重叠角较大,排气可能倒流,使燃烧恶化,排气温度升高。此时,只有通过减速降低排气温度,这将使得柴油机的功率和转速大幅度下降。

对于带轴带发电机的四冲程柴油机,当停增压器运行时柴油机需降速运行。此时,轴带发电机不能运行,只能用柴油机发电机并网供电保证船舶用电,当值轮机员必须加强机舱动力装置的监管,当发现异常情况时应立即向驾驶台和轮机长报告。

如停增压器应急运行时间相当长,可增大压缩比提高压缩压力以降低排气温度。另外,增压器转子锁住后因两端温度不同,会使转轴弯曲变形,所以应将转子拆出并封闭增压器壳体两端。为减少进排气的阻力,以进排气管都使用旁通管为最佳。

3. 二冲程柴油机停增压器运行

二冲程柴油机的增压系统和换气条件比四冲程柴油机复杂,增压器损坏时柴油机运转情况不同,应急措施各异。如 RTA 和 MC 型柴油机,在停增压器运转时采取的措施是:

RTA 和 MC 型机为定压增压系统,全机只装一台涡轮增压器,所以当增压器损坏时必须打开电动辅助鼓风机。

应用专用工具将增压器转子两端锁住并固定。如需长时间停用增压器运行,应将转子拆出,用专用盖板封住增压器壳体两端。

对停增压器时柴油机运行参数限制在规定范围:

柴油机最高输出功率为 25%的额定功率、最高转速为 63%额定转速和平均有效压力为 40%额定平均有效压力。依据柴油机排气温度、颜色和运转情况需要视情降低负荷。

三、拉缸的应急处理

1. 拉缸现象

拉缸现象是指活塞环、活塞裙部与气缸套之间,相对往复运动的表面的相互作用而造成的表面损伤。这种损伤在程度上有所不同,故可分为划伤、拉缸和咬缸,在广义上我们统称为拉缸。

活塞环与气缸套之间发生的拉缸,通常在柴油机运转初期,即台架试验、海上试验和开航的初期,一旦磨合完毕之后,几乎不再发生活塞环与气缸套之间的拉缸。

活塞裙部与气缸套之间发生的拉缸,往往发生在磨合完毕后稳定运转的数千小时内。

拉缸损伤的机理大多是由于滑动部位的润滑油膜受到局部破坏,此时两个相对运动的表面突出部位首先发生金属接触,然后在局部出现微小的“熔着”现象,而熔着部位由于部件的相对运动又被撕裂。在这个过程中金属表面形成硬化层,在这个硬化层被破坏时,所产生的金属磨粒将成为加剧表面磨损的磨料。在出现“熔着磨损”的短时间中,在活塞和气缸套表面上出现和气缸中心线相平行的高低不平的磨痕,这就是拉缸现象。严重时滑动部位完全黏着或卡住甚至可能在两个表面的薄弱部位产生裂纹以致机件损坏,这时可称为“咬缸”。

2. 拉缸的原因

造成拉缸的原因十分复杂,有设计、制造、工艺方面及材料的缺陷,如材料的选配、间隙大小的确定、装置的安装找正等是否恰当,结构布置是否合理,表面粗糙度的加工是否适宜,润滑冷却的安排是否完善等。但是设计制造精良的柴油机,运行管理不当也会产生拉缸事故,这主要有下列原因:

(1)磨合不充分

①没达到规定的磨合期,过早投入营运。

②在磨合期内,分配各负荷下磨合的时间不合理,急于加大负荷运转。

(2)冷却不良

①冷却水泵供水不足或中断。

②冷却水腔锈蚀或脏污。

③水质太脏,水温过高。

④水中含有气泡,积存在冷却水腔内没有放出。

(3)活塞环断裂

①搭口间隙过小,使活塞环断裂。

②天地间隙过小,使活塞环卡死、断裂。

③搭口间隙过大或严重磨损。

④环槽内积炭较多使活塞环黏着。

(4)燃用劣质油

①不完全燃烧致使残炭增加。

②后燃使排气温度升高。

③气缸润滑油碱性不合格。

3. 拉缸时的征兆

(1)气缸冷却水出口温度明显升高。

(2)如早期发现,可以听到活塞环与气缸壁间干摩擦的异常声响。

(3)当发生拉缸时,该缸曲柄越过止点位置时都会发出敲击声,此时,柴油机的转速会迅速下降或自行停车。

(4)曲轴箱和扫气箱温度升高,甚至有烟气冒出。

4. 拉缸时的应急措施

(1)早期发现拉缸,应加强气缸润滑。如过热现象没有改变,可采取单缸停油,降低转速,加强活塞冷却,直至过热现象消除为止。

(2)当发现拉缸时,必须迅速降低转速,然后停车并立即进行转车(或盘车)。此时切勿加强气缸的冷却。

(3)如因活塞咬死盘不动车时,可待活塞冷却一段时间后,再进行盘车。

(4)当采用上述方法仍盘不动车时,可向活塞与气缸壁间注入煤油,待活塞冷却后再盘车。若仍盘不动车,可拆下曲柄销轴承盖,将起吊螺栓装在活塞顶上用起重吊车吊出,同时亦应加注煤油。

(5)活塞吊出后仔细检查并将损坏的活塞环换新,同时用油石将缸套拉痕磨平。若活塞和缸套损坏情况严重,予以换新。换新部件则必须进行磨合运转。

(6)如拉缸事故无法修复,可采取封缸运行的方法进行处理。

四、敲缸的原因及应急处理

1. 敲缸现象及分类

柴油机在运行中产生有规律性的不正常异音或敲击声,这种现象称为敲缸。

敲缸常分为燃烧敲缸和机械敲缸。由于燃烧方面的原因在上止点发出尖锐的金属敲击声称为燃烧敲缸。此时若继续运行,则柴油机的最高爆炸压力异常地增高,各部件的机械应力增大,在冲击力的作用下,运动部件会过快地磨损,并导致损坏。因运动部件和轴承间隙不正常所引起的钝重的敲击声或摩擦声,其特征是发生在活塞的上、下止点部位或越过上、下止点时,这种现象称为机械敲缸。

判断是哪种敲缸可采用降低转速或单缸停油的方法。采取上述措施时,若敲击声随之消失则为燃烧敲缸;若敲击声仍不能消除,则很可能是机械敲缸。

2. 敲缸时的应急处理

首先采取降速运行的措施,避免部件损坏。如判定是燃烧敲缸,再停车进行如下检查修复:

(1)对喷油器进行试压和调控,必要时予以换新。

(2)检查喷油泵的供油量,必要时调整其有效行程。

(3)检查和调整喷油定时。

如因气缸或活塞过热产生沉重而又逐渐加重的敲击声,在未进行降速前,会出现转速随之自行下降的现象,这可按过热拉缸的措施进行处理。

因机械的缺陷造成敲缸,一般没有应急的调整方法,只有更换备件进行修理。

没有备件或不能修理时,可降低到某个安全的转速继续航行,若机件的损坏影响安全运行又无备件可以更换,则可采取封缸的措施继续航行。

五、曲轴箱爆炸的原因及应急处理

1. 曲轴箱爆炸的原因

由于曲柄连杆机构的运动,飞溅出许多滑油油滴,再加上油滴的蒸发气化,在运行中的柴油机曲轴箱内充满着油气。但是这种油气与空气的混合比例不一定达到可爆燃的混合比。即便达到了可爆燃的混合比,如果没有高温热源的存在也是不会发生爆炸的。如果内部出现了局部高温热源,飞溅在热源表面上的油滴就会气化,而滑油蒸气在离开热源表面后又被冷凝成为更多更小的油粒悬浮在空气中,使油气的浓度逐渐增加,形成乳白色的油雾。当油雾的浓度达到某一范围,它就成为可爆燃的混合气,并会在高温热源的引燃下着火。如果着火前已有大量油雾存在,则一经着火就会使曲轴箱有限空间内的温度和压力急剧升高,并产生强烈的冲击波,造成具有破坏性的曲轴箱爆炸。

曲轴箱内油雾浓度达到可爆燃的混合比是爆炸的基本条件。

(1)空气与油雾的可爆燃的比例下限为 100∶1,比例上限为 7∶1。

(2)当油雾浓度在下限以下或在下限—上限的范围内时,爆炸的危险一直存在;而当浓度超过上限时,即便有高温热源也不会发生爆炸。

高温热源的存在是爆炸的决定性因素。

（1）正常情况下，曲轴箱中不应出现高温热源（或称热点）。

（2）当两块金属直接接触时出现不正常磨损导致高温，如轴承过热或烧熔、活塞环漏气、拉缸等都会出现高温热源，它既能使滑油蒸发成油雾，又是可爆燃混合气的点火源。

（3）着火的基本条件：可爆燃混合气浓度的上限和下限由所需温度的上限和下限值所决定。润滑油蒸气：着火下限为 270~350 ℃，上限高于 400 ℃（蒸发温度在 200 ℃以上）。燃油如果漏入曲柄箱中会降低滑油的着火下限，从而使油雾在较低的温度下产生爆炸。

2. 曲轴箱爆炸的预防和应急处理

如果平时对柴油机维护得很好，在有危险时又能及时发现和恰当处理，则能在很大程度上可以排除爆炸的可能。为了防止曲轴箱爆炸，常采用如下措施：

（1）在管理上要避免使柴油机内出现热源。应保证运动机件正确的相对位置和间隙，保持正常的润滑和冷却，以免运动部件过热、白合金烧熔、燃气泄漏等。运行中值班人员应定期探摸曲轴箱的温度。

（2）在柴油机上装设油雾浓度检测器，用以连续监测曲轴箱内油雾浓度的变化，在油雾浓度达到着火下限之前，就发出警报。

（3）为了保证润滑油蒸气低于燃爆下限，一般在柴油机上采取曲轴箱通风的措施。在曲轴箱上装有透气管或抽风机，用以将油气引出机舱外，防止油气积聚。透气装置应装有止回阀，以防新鲜空气流入曲轴箱。

（4）在曲轴箱的排气侧盖上装有防爆门。防爆门的开启压力一般为 5~8 kPa（我国规范为 0.02 N/mm^2）。当曲轴箱内压力高到一定程度时，防爆门开启，释放曲轴箱内的气体，降低压力，随后自动关闭，从而可防止严重的爆炸事故发生。初次爆炸由于缓慢的燃烧速度，其压力不是很高，然而也足够冲破曲轴箱道门。如果不装防爆门，那么初次爆炸形成的真空，将通过打碎的道门吸入新鲜空气，如曲轴箱一直存在高温热源和高浓度的油气，与新鲜空气混合后将产生带有爆震现象的第二次更强烈的爆炸。第二次爆炸出现爆炸火焰，在高压和强烈的冲击波下会高速传播。

（5）在曲轴箱上装设 CO_2 灭火接头，灭火接头与 CO_2 管系相联，有关的截止阀应绝对密封。

曲轴箱爆炸应急处理：

（1）如发现有爆炸危险的任何迹象，如曲轴箱发热。透气管冒出大量油气和嗅到油焦味，或者油雾检测器发出警报，都表明曲轴箱内出现了热源而有爆炸的危险。此时应立即停车或降速运行。发电柴油机应在转换负荷后降速运行。如果停车，自带的滑油泵和冷却水泵也将停泵，反而容易在刚停车时发生曲轴箱爆炸。

（2）在发现曲轴箱有爆炸危险期间，机舱人员不许在柴油机的装有防爆门的一侧停留，以免造成人身伤亡。

（3）当曲轴箱爆炸发生并将防爆门冲开后，要立即采取灭火措施，但不可马上打开曲轴箱道门或检查孔救火。

（4）如因曲轴箱内某些机件发热而停车，至少停车 15 min 后再打开曲轴箱道门检查，以免新鲜空气进入而引起爆炸。

本章思考题

1. 柴油机备车主要有哪些步骤?
2. 柴油机运行中主要进行那些检查?
3. 拉缸的原因有哪些?
4. 曲柄箱爆炸如何应急处理?

第三章　渔船维修管理

第一节　船机故障分析

一、故障定义

故障是指整机或零部件在规定的时间和使用条件下不能完成规定的功能，或各项技术经济指标偏离了它的正常状况，但在某种情况下尚能维持一段时间工作，若不能得到妥善处理将导致事故。例如，某些零部件损坏、磨损超限、焊缝开裂、螺栓松动等，使工作能力丧失；柴油机功率下降；传动系统失去平衡和噪声增大；工作机构的能力下降；燃料和润滑油的消耗量增加等。当其超出了规定的指标时，即发生了故障。

船机设备及零部件在磨损老化的情况下，往往会出现明显的机械故障。船机故障是指船舶系统、设备、机械或其零部件规定功能的丧失。它是一个广义的丧失功能或功能障碍的状态，即故障是不合格的状态。故障是可靠性与维修性研究的对象，是维修科学研究的内容。

故障通常是指可以排除的障碍，即指可以修复的失效。对于故障应明确以下几点：

(1)规定的对象。它是指一台单机，或由某些单机组成的系统，或机械设备上某个零部件。不同的对象在同一时间将有不同的故障状况。

(2)规定的时间。发生故障的可能性随时间的延长而增大。时间除了直接用年、月、日、时等作单位外，还可用机械设备的运转次数、里程、周期作单位。例如，船舶的航次和里程；齿轮用它承受载荷的循环次数作单位等。

(3)规定的条件。这是指机械设备运转时的使用维护条件、人员操作水平、环境条件等。不同的条件将导致不同的故障。

(4)规定的功能。它是针对具体问题而言的。例如，同一状态的车床，进给丝杠的损坏对加工螺纹而言是发生了故障，但对加工端面来说却不算发生故障，因为这两种情况所需车床的功能项目不同。

(5)一定的故障程度，即应从定量的角度来估计功能丧失的严重性。

在生产实践中，为概括所有可能发生的事件，给故障下了一个广义的定义，即“故障是不合格的状态”。

二、故障分类

船机故障复杂多样,研究时从不同角度将其分类,可以清晰地显示出故障的原因、性质和进行故障统计,为改进对船舶营运的影响,有助于轮机员分析、认识故障和排除故障,也便于进行故障统计,为改进船舶机械的设计、制造和进行良好的维修提供重要的信息资料。

机械设备的故障可以按其性质、原因、影响程度、故障发生的时间等从不同的角度进行分类,如表 3-1 所示。

表 3-1　故障的分类及定义

故障类别	故障定义
间断性故障	短期内丧失某些功能,稍加修理调试就能恢复,不需更换零件
永久性故障	某些零件已损坏,需要更换或修理才能恢复
早发性故障	产品由于设计、制造、装配、调试缺陷而引起的故障
突发性故障	通过事前测试或监控不能预测到的故障,其特点是具有偶然性和突发性
渐进性故障	通过事前测试或监控可以预测到的故障
复合型故障	包括早发性、突发性、渐进性故障的特征,故障发生的时间不确定
功能性故障	产品不能继续完成自己功能的故障,可直接感受或测定
潜在性故障	故障逐渐发展,但尚未在功能方面表现出来,却又接近萌芽,能够鉴别
人为故障	由于设计、制造、安装、修理、使用、运输、管理等方面存在问题,使机械丧失功能的故障
错用性故障	不按规定的条件使用机械而导致的故障
先天性故障	机械本身因设计、制造、选用材料不当等造成某些薄弱环节而引发的故障
自然性故障	机械由于受内部自然因素影响引起磨损、老化、疲劳等导致的故障
致命故障	可能导致人身伤亡,引起机械报废或造成重大经济损失的故障
严重故障	严重影响机械正常使用,较短的有效期内无法排除的故障
一般故障	轻度影响机械正常使用,能在日常保养中用随机工具轻易排除的故障
完全性故障	导致完全丧失功能故障(广义而言,随使用情况而定)
部分故障	导致某些功能丧失的故障
随机故障	故障发生的时间是随机的
有规则故障	故障的发生有一定规律

三、故障先兆

故障先兆主要有下列表现:

1. 船机性能方面

(1)功能异常。

(2)温度异常。

(3)压力异常。

(4)示功图异常。

2. 船机外观显示方面

(1)外观反常。船机运转中油、水、气等有跑、冒、滴、漏等现象。排烟异常,如冒黑烟、蓝烟或白烟等。

(2)消耗反常。运转中燃油、滑油和冷却水的消耗量过多,或不但不消耗反而增加。例如,曲柄箱油位增高。

(3)气味反常。在机舱内嗅到橡胶、绝缘材料的"烧焦味",变质滑油的刺激性气味等。

(4)声音异常。在机舱听到异常的敲击声。如柴油机的敲缸声、拉缸声,增压器喘振声。此外还有螺旋桨鸣音及各种工作不正常的声音等。

以上各种故障先兆是提供给轮机人员的故障信息,帮助轮机人员及早发现事故苗子,以便防患于未然。

四、故障模式

故障模式是指妨碍产品完成规定任务的某种可能方式,即产品的故障或失效的表现形式。例如,船舶机械的故障模式有磨损、腐蚀、疲劳破坏等;电器的故障模式有短路、漏电、电路不通等。

常见的故障模式可按以下几个方面进行归纳:

(1)属于机械零部件材料性能方面的故障,包括疲劳、断裂、裂纹、蠕变、过度变形、材质劣化等。

(2)属于化学、物理状况异常方面的故障,包括腐蚀、油质劣化、绝缘绝热劣化、导电导热劣化、熔融、蒸发等。

(3)属于机械设备运动状态方面的故障,包括振动、渗漏、堵塞、异常噪声等。

(4)多种原因的综合表现,如磨损等。

此外,还有配合件的间隙增大或过盈丧失、固定和紧固装置松动与失效等。

五、故障规律

船舶机械及其零部件自投入使用到损坏不能运转的全部使用过程中,不同时期的故障发生概率不同。实践和实验表明,故障率与时间呈"浴盆曲线"关系,称故障率规律曲线,如图3-1所示。

零部件在给定工作时间内由完好状态转向故障状态的概率:故障率规律曲线按故障发生的时间分为三个阶段。

1. 早期故障期

早期故障期又称磨合期,是船机投入使用的初期。其特点是故障率较高,但随使用时间的延长而迅速下降。早期故障期主要是由于设计、制造的缺陷及操作不熟练、不准确和使用条件不适等造成的。通过调试、磨合、修理和更换有缺陷的零件等可以使故障率很快降低,使船机

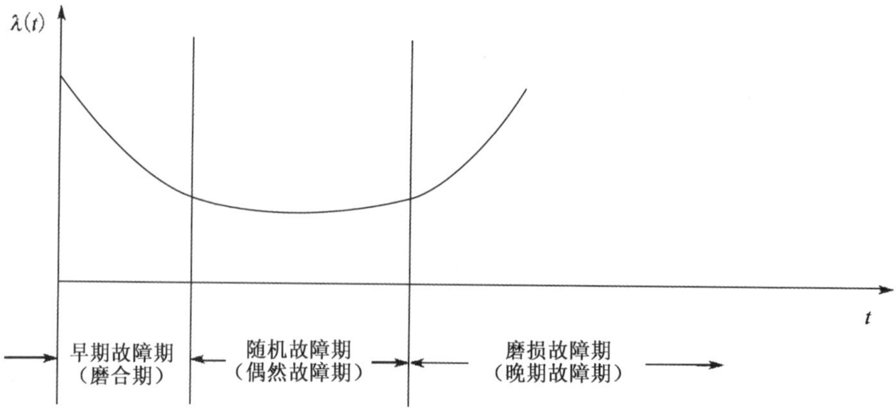

图 3-1　故障率规律曲线(浴盆曲线)

的运转趋向稳定。

2. 随机故障期

随机故障期或称偶然故障期,是指早期故障期之后磨损故障期之前的一段时间。特点是:

(1)运转稳定,故障率低,近于恒定,与使用时间关系不大。

(2)出现的故障为偶然因素引起的随机故障,主要是设计、制造中的潜在缺陷、操作差错、维护不良和环境因素等引起的故障。不能通过调试消除,也不能用定期更换零部件来预防,所以随机故障是难以预料的。

(3)随机故障期较长,是船舶机械的主要使用期,也是进行可靠性评估的时期。

3. 磨损故障期

磨损故障期或称晚期故障期,在船舶机械寿命的后期出现。特点是故障率随时间的延长而迅速升高,是由于磨损、腐蚀、疲劳和老化造成的。如果在磨损故障期开始前进行修理或更换备件,则可延长随机故障期,推迟磨损故障期。

六、故障的影响因素

船机设备在设计、使用及维修中,影响零部件参数值变化速率的因素有以下几个方面:

1. 设计

设计中,应对船机设备未来的工作条件有正确估计,对可能出现的变异有充分考虑。设计方案不完善、设计图样和技术文件的审查不严是产生故障的重要原因。

2. 选材

在设计、制造和维修中,都要根据零件工作的性质和特点正确选用材料。材料选用不当或材料不符合规定,或选用了不适当的代用品是产生磨损、腐蚀、疲劳和老化等现象的主要原因。

此外,在制造和维修过程中,很多材料要经过锻造、铸造、焊接和热处理等加工工艺,在加工过程中材料的金相组织、力学物理性能等均发生变化,其中加热和冷却对材料的影响尤为明显。

3. 制造质量

制造工艺的每道工序都存在误差，其工艺条件和材质的离散性必然使零件在铸造、锻造、焊接、热处理和切削加工过程中出现应力集中、局部和微观的金相组织缺陷、微观裂纹等缺陷，这些缺陷是造成机械寿命不长的重要原因。

4. 装配质量

船舶机械零部件间有适当的配合要求，配合间隙的极限值，包括装配后经过磨合的初始间隙过大或过小，都可能造成零件的有效寿命缩短。装配中各零部件之间的相互位置精度也很重要，若达不到要求，会引起附加应力、偏磨等后果，加速失效。

5. 合理维修

根据工艺合理、经济合算、生产可行的原则，合理进行维修，保证维修质量。

6. 正确使用

这包括载荷、环境、保养和操作。

七、故障的人为因素

船舶是机械设备和船员一体化的典型的人—机系统，人—机功能的充分发挥和彼此良好的配合将会使船舶安全可靠地航行，船舶营运获得更大的经济效益并且延长船舶的使用寿命。因此，船舶的综合可靠度取决于船体、船机固有的可靠度和船员工作的可靠度。目前船舶动力装置的可靠度大大提高，出现了使用自动化无人机舱等现代化设备的船舶，但船机故障仍是不断，每年因海损和机损事故造成的损失很重大。

统计资料表明，船舶海损、机损等事故的原因，约 80% 是人为因素造成的。船员素质低，不具备适任资格或操作错误等致使船舶机械和设备维护、保养不良而发生故障。20 世纪 80 年代以来频繁发生的海难事故及其严重损失引起国际社会的空前关注，国际海事组织（IMO）把海上事故中人为因素的作用列为重要的审议问题，制定出《国际安全管理规则》（ISM Code）、修订了 STCW 公约，以公约的形式强制实施，以减少和防止海上事故的发生。因此，船员加强学习，提高专业知识和技术水平，取得适任资格是做好轮机管理工作的基本条件。

第二节　船机维修

一、拆卸

任何一台机械修理时首先进行的工作就是拆卸——把机器的运动部件从其固定件上拆下来，将机器进行局部或全部解体。拆卸过程是一个对机器技术状况和存在故障的调查研究的过程。零部件表面的油污、积炭、水迹等均是发现故障的线索。燃烧室组成零件的积炭情况有助于了解燃烧情况和相关零部件的故障，如喷油器堵塞、喷油定时不正确等。

1. 拆卸原则

（1）确定拆卸范围，不要随意扩大拆卸范围。因为不必要的拆卸势必会破坏机件良好的配合精度或改变已磨合部位的相对位置，增加零件损伤和安装误差。

（2）按照正确顺序拆卸。一般来说，拆卸机器应从上到下、从外到里；先拆附属件、易损件，后拆主要机件；先拆部件，再将部件拆成零件。

（3）保证零件原来的精度。拆卸过程中应保证不损伤零件，不破坏零件的尺寸精度、形状与位置精度，尤其是保护好配合件的工作表面。如活塞环黏着在环槽中，可将活塞环损坏，分段自环槽中取出，但要保护环槽不受损。

（4）保证正确装复机器。拆卸过程中，对拆下的零部件要做记号，系标签，对零件连接部位的相对位置做记号。将拆下的零件系标签，对机器正确、顺利地装配和防止零件损坏非常重要。对重要的或精密的部件不要在现场拆解，应系标明所属的标签，送船上专门工作室或船厂车间拆解修复。例如，柴油机喷油泵和喷油器应在船上油泵实验间或船厂车间拆解，由于精密偶件不可互换的特点，更应系标签，切勿混放。

2. 拆卸技术

（1）保护好零件及设备

从机器上拆下的仪表、管子和零部件等应系标签，分门别类地妥善放置与保管，不可乱丢乱放。仪表、精密零件和零件配合表面尤其应慎重放置与保护。机器拆卸后，固定件上的孔口、管系的管口裸露，为了防止异物落入造成损伤和后患，应用木板、纸板、布或塑料膜等将孔口、管口堵塞或包扎。

（2）过盈件的拆卸

机器上具有过盈配合的配合件，例如齿轮与轴，柴油机上的气阀导管与导管孔，活塞销与销座等。拆卸时应使用专用工具、随机专用工具或采用适当加热配合件的方法才能顺利拆卸和不会损伤零件，切勿硬打硬砸，否则损伤零件。

（3）螺栓的拆卸

①柴油机气缸盖螺栓、主轴承螺栓等一般采用双头螺栓，螺栓的一端旋入机件。拆卸时，不需将双头螺栓从机件上拆下。

②拆下的螺母、螺栓等应套装于原位。

③生锈螺母拆不下时，可采用以下方法：先将螺母上紧 1/4 圈，然后反向旋出；轻轻敲击振动生锈螺母周边；在螺母和螺栓之间灌入煤油或喷松动剂，浸泡 20~30 min 后旋出；用喷灯均匀加热螺母，使之受热膨胀后旋出；以上诸方法均不奏效时，用扁铲将螺母破坏取下。

④螺栓断于螺纹孔中可采用以下方法将断头螺栓取出：在露出的断头螺栓顶面锯出小槽，用螺丝刀旋出；挫平露出的断头螺栓两侧面，用扳手拧出；在断头螺栓上焊一折角钢杆或螺母，将断头螺栓旋出；在断头螺栓顶面钻孔攻丝（反向螺丝）和拧入螺钉，拧出螺钉将断头螺栓带出；选用直径小于断头螺栓根圆直径 0.5~1.0 mm 的钻头，将螺栓钻掉，再用与原螺栓螺距相同的丝锥将螺纹孔中残存断头螺栓除去，但应不损坏原螺纹孔的精度。

（4）拆卸安全

拆卸过程中的安全操作对于保证人身和机器的安全至关重要，所以，在拆卸中应注意以下问题：

①选用工具要恰当;不可任意加长扳手以免扭断螺栓。

②注意吊运安全,严禁超重吊运,吊运捆绑要牢靠且不损伤零件、仪表,吊运操作稳妥等。

3. 拆卸中的检测

船机拆卸前、拆卸过程中的检验和测量是对机器的剖析和透视,是查明故障、分析和诊断故障原因、制订修理方案的重要依据。

(1)运转中的观察

通过拆卸前的航行勘验了解主机工况、记录各项性能指标和对运转缺陷进行检验。检查主柴油机运转的平稳性,有无振动,起动换向操作是否灵敏,有无水、气、油的漏泄现象等。通过对船机的日常运转管理,观察了解其故障信息和现象,必要时测定温度、压力等参数,以确定船机运转状况和机器性能变化,从而初步确定存在的问题。

(2)拆卸中的检测

船机拆卸过程中,对拆开的配合件工作表面进行观察,从配合件表面的氧化、变色、拉毛、擦伤、腐蚀、变形和裂纹等现象判断故障的部位、范围和程度。测量零件的绝对尺寸、磨损量、几何形状误差和配合间隙等,判断零件的磨损、腐蚀或变形程度。例如,测量气缸套内径、曲轴外径的绝对尺寸,测量轴承间隙、曲轴臂距差和活塞顶形状等。

在拆卸过程中,必要时对重要的零件进行无损检测,以查明零件内部存在的损伤,如裂纹等。如修理发电柴油机时,对连杆螺栓进行着色探伤或磁粉探伤,检查连杆螺栓表面有无疲劳裂纹,并且测量其长度,以掌握其有无变形。

二、清洗

机器拆卸后应对其零件进行清洗,必要时还应对管系进行冲洗。对零件清洗是除去零件表面上的油垢、积炭、铁锈等污物;对管系进行冲洗是清除系统中带入、残存和沉积的杂质污垢。零件表面清洁后便于发现和检测缺陷,测量准确,也为修理和装配提供良好条件。管系清洁,有利于保持润滑油的品质,保证机器的正常运转,为此,要求清洗工作迅速和彻底,对零件无损伤和腐蚀作用,保证零件工作表面的精度。

船机长期运转使其零部件表面不同程度地附有油垢、积炭和铁锈等。为了清除这些污物,常用以下方法清洗:常规清洗、机械清洗和化学清洗。或者针对零件上不同的污垢有除油垢、除积炭和除锈等清洗方式。

(1)常规清洗

常规清洗又称油洗,是利用有机溶剂和汽油、柴油或煤油溶解零件表面上油污垢的一种手工清洗方法。清洗时,先将零件浸泡在油中,用抹布或刷子除去零件上的油污。此种方法操作简单,易于实现,使用灵活。对于清洗油污积垢不严重的零件,油洗的效果又快又好,船上和船厂广泛采用,但对积炭、铁锈和水垢无效。但是,此法使用不够安全,应注意防火,尤其汽油容易挥发,极易引起火灾。

(2)机械清洗

利用毛刷、钢丝刷、刮刀、竹板、砂布或油石等进行手工刷、刮、擦和磨的机械方法清除零件表面沉积较重的积炭、铁锈和水垢,再用柴油或汽油清洗干净。常用于清洗柴油机燃烧室的零件。此种清洗方法操作简便,使用灵活,适用范围广,对清除零件表面积垢十分有效,广泛应用于船上和修船厂。但此法容易损伤零件表面，产生划痕与擦伤，而且劳动量大。

（3）化学清洗

利用化学药品的溶解和化学作用，清除零件表面上的油、油脂、污垢、漆皮、积炭、水垢和氧化物等，常用于热交换器的清洗。用于化学清洗的清洗剂主要有以下三种：碱性清洗剂、酸性清洗剂、合成洗涤剂。

三、装配

船舶机械经拆卸、检验和清洗后，对损坏的零件进行修复或更换，然后进行装复和调试，恢复其原有的功能。船机装配是把拆卸下来的各个零件按照技术要求、装配规则和一定的装配方法组装成部件，再把这些部件按一定的次序和要求组装成一部完整的机器。船舶主、副柴油机在检修中可能包括以下部件的装配：气缸套的安装、活塞组件的装配、活塞杆填料函的安装、筒状活塞与连杆的装配、十字头式柴油机的活塞运动部件的装配、气缸盖的安装和主轴承的安装等。

1. 装配要求

装配工作是一项极为重要的工作，装配质量直接关系到柴油机运转的可靠性、经济性和柴油机的使用寿命。装配工作的主要技术要求是装配后的柴油机应达到正确配合、可靠固定和运转灵活。具体要求如下：

（1）保证各相对运动的配合件之间的正确配合性质和符合要求的配合间隙。

（2）保证机件连接的可靠性。

（3）保证各机件轴心线之间的正确定位。

（4）保证定时、定量机构的正确连接。

（5）保证运动机件的动力平衡。

（6）确保装配过程中的清洁。

2. 装配方法

零件装配成部件时，可能是原件装配，也可能是更换的备件或者是更换加工的配制件进行装配。一般原件装配较为顺利，如果换新零件则装配工作需要采用一定的方法才能达到装配要求。

（1）调节装配法

采用调节某一个特殊的零件（垫片、垫圈等）来调整装配的精度。例如，用增减厚壁轴瓦结合面之间垫片的厚度来保证轴承间隙。还可以用移动连接机构中某一零件的方法达到装配精度。例如，气阀间隙的调节，气阀定时和喷油定时的调整。

（2）机械加工修配法

采用修理尺寸法、尺寸选配法、镶套法等来使配合件恢复配合间隙和使用性能。

（3）钳工修配法

采用钳工修锉、刮研或研磨等方法达到装配精度。

3. 装配工作的主要内容

（1）清洁工作。装配前，应将零件彻底清洁干净，清除备件以及修理的或新配制的零件上的毛刺、尖角,尤其是应使配合面上无瑕疵与脏污等。

(2)对连接零件的结合面进行必要的修锉与拂刮,以保证连接件的紧密贴合。例如,对气缸套与气缸体的结合面的修刮。

(3)对有过盈配合的配合件采用敲击、压力装配或热套合装配、冷套合装配。

(4)采用液压试验、检验零件或系统的密封性。如对气缸套、活塞的水压试验。

(5)对各部件、配合件及机构进行试验、调整和磨合运转等。

(6)进行机器的装复,并做整机检验与调试,以检验机器的技术性能和修理质量,达到检修的目的。

4. 装配过程中的注意事项

(1)应熟悉机器的构造和零件之间的相互关系,以免装错或漏装。

(2)有相对运动的配合件的配合表面和零件工作表面不允许有擦伤、划痕和毛刺等,并保持清洁、干净。

(3)零件的摩擦表面(如气缸套内表面、活塞和活塞环外圆面)和螺纹应涂以清洁的润滑油,防止生锈。

(4)装配过程中对各活动部件应边装配边活动,以检查转动或移动的灵活性,应无卡阻。若待全部装配完毕再活动则不能及时发现装配工作中的问题,甚至造成返工。

(5)对于有方向性要求的零件不应装错,例如装在活塞上的刮油环刮刃尖端应在下方,才能将气缸壁上多余的润滑油刮下,如装反了就会向上刮油,使大量滑油进入燃烧室。

(6)旧的金属垫片,如完好无损,可继续使用。而纸、软木、石棉等材质的旧垫片则一律换新。

(7)重要螺栓如有变形、伸长、螺纹损伤和裂纹等问题,均应换新。安装固定螺栓的预紧力和上紧顺序均应按说明书或有关规定操作。

(8)对规定安装开口销、锁紧片、弹簧垫圈、保险铁丝等锁紧零件的部位,均应按要求装妥,锁紧零件的尺寸规格亦应符合要求。

(9)装配中,需用锤敲击的时候,一般采用木槌或软金属棒敲击,且不能敲打零件工作表面或配合面。

第三节　备品及备件

一、备件的数量要求

1. 决定船上库存备件数量的因素考虑

(1)从安全角度考虑船上应配置的备件。

(2)应满足船级社的备件要求。

(3)应适应船舶备件的消耗情况。

(4)应估计到备件交货时间的长短。

(5)为避免事故造成停航,应尽快购买的备件。

2. 法规对备件数量的要求

中国船级社制定《钢质海船入级规范》和中国船舶检验局制定《国内航行海船法定检验技术规则》中对主要机械设备的备件最少限额有明确规定,分无限航区和有限航区两种情况。

船上备件如不能满足要求,不仅影响轮机入级证书的签发,而且影响法定证书(船舶航行安全证书或适航证书)的签发。各船级社的规定不尽相同,在建造和营运中船东可引用有利于自己的规定。

(1)轮机装置的备件数量

对装有多机推进装置的船舶,仅需配备1台主机所需备件。如果发电机和空气压缩机的数量多于法规所要求的数量时,则可不需要备件。

(2)自动化系统的备件

船上应备有自动化系统的必要备件,以保证自动化系统的可维修性和可靠性。备件一般应为完整的单元,但如单元中的易损件易于更换,则可由这些零件代替单元作为备件。永久装设在自动化系统的储备元件,可作为规定备件看待。

下列设备应按所装每一种不同规格总数的10%配置备件,且至少应备一件:

①容易损坏的传感器。

②指示仪表。

③控制器。

④执行器(如电磁阀等)。

⑤继电器。

⑥熔断器。

⑦指示灯。

⑧报警声响器。

⑨电子计算机(若使用时)的功能模块、外部设备等。

⑩其他。

二、备件管理

船舶备件管理是船舶管理的一个重要组成部分,是船舶安全营运的关键环节之一。船舶有效储备一定数量的备件,保证机、电、动力设备的正常运转,是船舶营运生产的需要,也是船舶安全的重要保证。

1. 备件管理原则

(1)由轮机部、甲板部船员主管的机、电、动力设备和其他设备备用的成品零部件等都属于备件范围之列。

(2)轮机备件由轮机长直接管理,具体负责备件库的整理,出入库登记。轮机员在详细掌握自己所属设备备件的库存情况的基础上,做出备件补充申领单,但备件的出入库必须由轮机长亲自办理。轮机长对备件申领单把关,签署后报公司船务部,并经常对备件的管理进行检查和指导。

2. 备件的申领

(1)船舶易损、易耗常用备件，由公司船务部根据船存数量及船舶实际情况实行计划订购。

(2)备件申领单必须使用公司的标准格式。

(3)申领备件时，应翔实、清楚地填写所申领备件所属设备的船名、机型、机号、制造厂家、备件名称、备件号或规格、申请数量、船存数量。另外申领单必须有轮机长及船长签字及盖船章。申领单一式四份，一份留船，一份存仓库，一份存船务部，一份交公司财务部。

(4)申领一些无法辨别的部件，要尽可能地附带样本绘图或其他有用的资料。部分备件属通用件，如各类阀门、温度表、液压软管、膨胀接头、泵的轴封、压力表、真空表、舱门胶条、液压无缝钢管、各种滤器等，应尽可能提供实际尺寸，以便采购或按样加工。

3. 备件保管

(1)各种备件应有专人保管并按所属设备分类整齐地存放在固定处所，不同设备的备件不要混放在一起，应方便取用。

(2)各种备件，尤其是大型、重型、精密的重要备件应妥善放置，做好衬垫、绑扎工作，防止翻倒、振动、碰撞。

(3)对库存备件应设进出库登记本并做翔实记录。各种备件应有明细卡片，以便准确地判明其名称、规格和所属设备。

(4)更换备件时，要填写备件消耗报表，并简要说明更换或损坏的原因。

(5)换下的旧件可继续使用的应尽可能修复留作备用。船员无能力修理的则应保存好并做好标注，报请船务部安排交厂修理。

(6)非正常损坏的零部件，应尽可能原样保存好，以便日后分析、研究其损坏原因，避免重复损坏。

(7)根据备件保存的要求，定期进行清洁保养，防止锈蚀变质、变形，使各种备件随时处于可用状态。

(8)备件的报废，要由轮机长鉴定并每半年书面向船务部申报欲报废备件的明细表。待批准后，由仓库安排按规定集中处理。

(9)对于有特殊保管条件的备件，要按要求放置在适当的地方。

4. 船存备件增耗记录

(1)备件清册一式两份。一份存船由轮机长保管，一份存公司船务部。船存备件增耗数量每季度报送船务部。

(2)按要求认真翔实填写备件清册，做到账物相符。尚可使用的旧件也应登记入册，并注明质量、规格和成色，若经加工，则应填注加工后的尺寸。

(3)新造船和新购船在接收之后，轮机长应督促并组织各主管轮机员在一个月内清点完船存备件并建立备件清册。

(4)备件清册作为轮机长交接班手续之一，交接班的双方须交接清楚并在交接记录上签字。

第四节　修船管理

一、修船的类别和要求

（一）船舶修理类别

船舶修理是使船舶保持和恢复原有技术状态的有力保证，分为计划修理和临时修理。计划修理多结合船舶的各种检验，有计划、周期性地进行，包括坞修、小修和检修。临时修理是由于意外事情而进行的非计划修理，包括航修和事故修理。

1. 航修

航修是对船舶运营过程中产生的影响正常运营而必须由船厂或航修站维修的故障进行的一般修理工程或一般事故修理。航修一般在船舶两航次间停港时进行。为缩短修理时间，减小对正常营运的影响，有条件的可随船抢修。

2. 小修（也称岁修）

按规定周期有计划地结合船舶的中间检验或年度检验而进行的厂修和坞修工程称为小修。小修主要是对船体和机舱主要设备进行检查、保养和修理，使船舶能安全营运到下次计划修理。其基本工程有：船体除锈、油漆；修换部分船体构件；主、副机及辅机与管系等进行一般检查和修理。客船和客货船小修间隔期常为 12 个月，钢质货船的小修间隔期为 12～18 个月（展期 6 个月）。

3. 检修

检修是按规定周期结合船舶的定期检验或特别检验而进行的厂修和坞修工程，是最大的修理工程。检修的目的是对船体和全船所有设备及各类系统进行全面检查、维护和修理，以保证船舶能安全营运到下一次检修。其工程内容除小修的工程外，还包括测厚，主、副机及辅机解体吊厂检查修理，各管系的彻底检查修理等。

检修一般在 2～3 次小修后进行一次，即间隔期一般为 4～6 年。

4. 坞修

必须在船坞内对船体水下部分的构件和设备进行检查和修理的工作称为坞修，一般结合小修或检修进行。坞修的费用较高，减少坞修时间是降低修船费用的重要保证。

5. 事故修理

由于意外事故致使船体和设备遭到损坏，要做临时性修理以恢复船舶原有的技术状态，这种临时性修理称为事故修理。若涉及索赔问题，应邀请有关机构做见证。

6. 自修

在船舶营运过程中或船舶进厂修理时由船员自己完成的修理工作称为自修。自修可以是计划性维修,也可以是临时性小工作。计划性的自修应单列计划。自修不仅可以提高船舶的营运效率,减少修船费用,还可以提高船员对船体和船舶设备进行检查、维护和保养的技术水平。

(二)修船要求

(1)船舶修理必须以原样修复为主。

(2)远洋船舶应按入级标准进行修理。

(3)保证修船的质量。修理项目达到的质量标准应满足验船规范、修理标准、技术说明书等有关规定。修船质量保证期,固定部件应为6个月,运动部件为3个月。

(4)缩短修船时间。

(5)降低修船成本。修船要做到勤俭节约,重点把主要设备修好。

二、坞修工程

1. 轮机坞修的主要项目

(1)海底阀箱的检查与修理:拆下格栅,检查连接螺栓和螺帽;钢板敲锈出白,涂防锈漆2度~3度;箱内锌块换新;如钢板锈蚀严重,必要时应测厚检查,钢板换新后必须对海底阀箱进行水压试验。

(2)海底阀的检查与修理:各海底阀应解体清洁,阀体在除锈后涂防锈漆2度~3度;阀及阀座应研磨、密封,如锈蚀严重可光车后再磨;阀杆填料换新;检查海底阀与阀箱的连接螺栓,锈蚀严重时应换新。

(3)螺旋桨的检查与修理:拆下螺旋桨进行检查;桨叶表面抛光;测量螺距;桨叶如有变形应予矫正和做静平衡试验;如发现桨叶有裂缝和破损,需按螺旋桨修理标准进行焊补和修理。

(4)螺旋桨轴及轴承:当抽轴检查时,应对螺旋桨轴的锥部进行探伤检查;检查铜套是否密封;滑油密封装置应换新密封圈;锥部的键槽和键应仔细检查,如换新必须与键槽研配;测量轴承下沉量与轴承间隙,检查轴承磨损情况。

(5)舵系的检查和修理:对舵杆、舵轴承、舵叶、舵梢、密封填料装置进行检查,如发现缺损、碰撞等缺陷,及时进行修复。

(6)船舷排出阀、海水出水阀等位于流水线以下,应与海底阀一样严格检查修理。

2. 坞修的准备工作

坞修的时间安排十分紧凑,为了顺利完成各项坞修工程项目,不误坞期,应做好下列各项准备工作。

(1)编制好坞修项目修理单,将修理单提前报公司船技处审核、报价,以选定坞修的船厂。

(2)为节省经费,船方应预先订购好坞修所需的重要备件。如需抽出螺旋桨轴检查,则必须备好密封装置的密封环和螺旋桨"O"形密封圈,否则会延误坞修期或者不能进行抽轴检查。

(3)准备好坞修所需的专用工具,如拆装螺旋桨螺帽的专用扳手、液压工具,拆装中间轴法兰螺栓的专用扳手,移动中间轴和螺旋桨轴的滑道滚轮,测量螺旋桨轴下沉量的专用测量工具等。

(4)准备好有关图纸资料,如船体的进坞安排图,螺旋桨图,螺旋桨轴及其轴承图,以及上次坞修的测量记录和检验报告等，以提供给船厂和验船师参考。

（5）油舱的清洁处理。对于需要烧焊和明火作业的油舱，必须将油驳出，并经过洗舱和防爆安全检验。

（6）如需在坞内进行锅炉检验，进坞前应将炉水放光，以免在坞内烫伤工作人员和影响坞修工程。

（7）与厂方商洽坞修事项，如进、出坞日期，岸电的供应、淡水的供应、蒸汽的供应、冷藏系统冷却水的供应、消防水的供应、厨房的使用、卫生设备的使用、油水的调驳和临时追加项目的可能性等。

3. 坞修工程的验收

（1）主要坞修项目的修理标准

①船用螺旋桨的修理技术标准（JT 4166~4168—1977）中的有关数据。

②艉轴与艉轴承的装配。

③艉轴与螺旋桨的装配。

④艉轴密封装置的装配（橡皮环式）。

（2）质量检查与验收

坞修中的各海底阀和通海阀必须解体、清洁，打磨完好，阀与阀座的密封面经轮机员检查认可后才能装复。

安装艉轴和螺旋桨时，轮机长应在场监督进行。

对坞修中的各项修理项目，应按修理单的要求检查修理质量，必要时应做水压试验和运行试验。

（3）测量记录的交验

坞修的测量记录（如艉轴下沉量、螺旋桨螺距测量和静平衡试验、艉轴承间隙、舵承间隙、轴系找正等）和其他年度检验的测量记录，应记录一式两份并提交给轮机长。

（4）验船师的检验

主要坞修工程应申请验船师现场检验，签署检验报告。

（5）出坞前的检查

出坞前，轮机长应对下列修理工程仔细检查，认可后方可允许船舶出坞。

①检查海底阀箱的格栅是否装妥，箱中是否有被遗忘的工具、塑料布等异物。所有海底阀和出海阀是否装妥。

②检查舵、螺旋桨和艉轴是否装妥，保护将军帽是否涂好水泥，艉轴密封装置装妥后充油做油压试验。

③船底塞及各处锌板是否装复好。

④坞内放水后检查各海水阀和管路，先使各阀处于关闭状态，观察海水有无漏入管内，然后分别开启各阀，检查所有管路接头及拆修过的部分是否漏水，必要时上紧连接螺栓。

⑤坞内放水后对海水系统放空气，使其充满海水。

⑥冷却系统、燃油系统和润滑油系统正常工作后，起动柴油发电机，切断岸电，自行供电。

本章思考题

1. 故障率规律曲线分为哪几个阶段？各有什么特点？
2. 简述船机装配的要求。
3. 轮机备件管理的要点有哪些？
4. 船舶修理主要有哪些类别？坞修主要有哪些项目？

第四章　渔船安全管理

第一节　渔业管理法律法规相关内容

一、《中华人民共和国渔业法》相关内容

《中华人民共和国渔业法》自 1986 年 7 月 1 日起施行。全国人民代表大会常务委员会分别于 2000 年 10 月 31 日、2004 年 8 月 28 日、2009 年 8 月 27 日、2013 年 12 月 28 日对该法进行了四次修正。该法共 6 章 50 条,6 章分别为:总则、养殖业、捕捞业、渔业资源的增殖和保护、法律责任、附则。该法的相关内容论述如下:

1. 总则

制定本法的目的在于加强渔业资源的保护、增殖、开发和合理利用,发展人工养殖,保障渔业生产者的合法权益,促进渔业生产的发展,适应社会主义建设和人民生活的需要。本法授权中华人民共和国渔政渔港监督机关对中华人民共和国的内水、滩涂、领海、专属经济区以及中华人民共和国管辖的一切其他海域从事养殖和捕捞水生动物、水生植物等渔业生产活动为实施统一管理的主管机关。

2. 捕捞业

国家在财政、信贷和税收等方面采取措施,鼓励、扶持远洋捕捞业的发展。国家对捕捞业实行捕捞许可证制度。捕捞许可证不得买卖、出租和以其他形式转让,不得涂改、伪造、变造。到他国管辖海域从事捕捞作业的,应当经国务院渔业行政主管部门批准,并遵守中华人民共和国缔结的或者参加的有关条约、协定和有关国家的法律。制造、更新改造、购置、进口的从事捕捞作业的船舶必须经渔业船舶检验部门检验合格后,方可下水作业。

3. 渔业资源的增殖和保护

国家保护水产种质资源及其生存环境,并在具有较高经济价值和遗传育种价值的水产种质资源的主要生长繁育区域建立水产种质资源保护区。未经国务院渔业行政主管部门批准,任何单位或者个人不得在水产种质资源保护区内从事捕捞活动。

禁止使用炸鱼、毒鱼、电鱼等破坏渔业资源的方法进行捕捞。禁止制造、销售、使用禁用的

渔具。禁止在禁渔区、禁渔期进行捕捞。禁止使用小于最小网目尺寸的网具进行捕捞。捕捞的渔获物中幼鱼不得超过规定的比例。在禁渔区或者禁渔期内禁止销售非法捕捞的渔获物。各级人民政府应当采取措施，保护和改善渔业水域的生态环境，防治污染。

4. 法律责任

使用炸鱼、毒鱼、电鱼等破坏渔业资源方法进行捕捞的，违反关于禁渔区、禁渔期的规定进行捕捞的，或者使用禁用的渔具、捕捞方法和小于最小网目尺寸的网具进行捕捞或者渔获物中幼鱼超过规定比例的，没收渔获物和违法所得，处 5 万元以下的罚款；情节严重的，没收渔具，吊销捕捞许可证；情节特别严重的，可以没收渔船；构成犯罪的，依法追究刑事责任。

在禁渔区或者禁渔期内销售非法捕捞的渔获物的，县级以上地方人民政府渔业行政主管部门应当及时进行调查处理。

制造、销售禁用的渔具的，没收非法制造、销售的渔具和违法所得，并处 1 万元以下的罚款。

未依法取得捕捞许可证擅自进行捕捞的，没收渔获物和违法所得，并处 10 万元以下的罚款；情节严重的，并可以没收渔具和渔船。

违反捕捞许可证关于作业类型、场所、时限和渔具数量的规定进行捕捞的，没收渔获物和违法所得，可以并处五万元以下的罚款；情节严重的，并可以没收渔具，吊销捕捞许可证。

涂改、买卖、出租或者以其他形式转让捕捞许可证的，没收违法所得，吊销捕捞许可证，可以并处 1 万元以下的罚款；伪造、变造、买卖捕捞许可证，构成犯罪的，依法追究刑事责任。

未经批准在水产种质资源保护区内从事捕捞活动的，责令立即停止捕捞，没收渔获物和渔具，可以并处 1 万元以下的罚款。

本法规定的行政处罚，由县级以上人民政府渔业行政主管部门或者其所属的渔政监督管理机构决定。但是，本法已对处罚机关作出规定的除外。

在海上执法时，对违反禁渔区、禁渔期的规定或者使用禁用的渔具、捕捞方法进行捕捞，以及未取得捕捞许可证进行捕捞的，事实清楚、证据充分，但是当场不能按照法定程序作出和执行行政处罚决定的，可以先暂时扣押捕捞许可证、渔具或者渔船，回港后依法作出和执行行政处罚决定。

渔业行政主管部门和其所属的渔政监督管理机构及其工作人员违反本法规定核发许可证、分配捕捞限额或者从事渔业生产经营活动的，或者有其他玩忽职守不履行法定义务、滥用职权、徇私舞弊的行为的，依法给予行政处分；构成犯罪的，依法追究刑事责任。

二、《中华人民共和国海上交通安全法》相关内容

《中华人民共和国海上交通安全法》是我国海上交通安全管理的基本法，于 1984 年 1 月 1 日起施行。2016 年 11 月 7 日第十二届全国人民代表大会常务委员会第二十四次会议修正。该法共 12 章 53 条，分为：总则；船舶检验和登记；船舶、设施上的人员；航行、停泊和作业；安全保障；危险货物运输；海难救助；打捞清除；交通事故的调查处理；法律责任；特别规定及附则。该法的相关内容论述如下：

1. 总则

制定本法的目的，在于加强海上交通管理，保障船舶、设施和人命财产的安全，维护国家权

益。本法授权中华人民共和国海事机关是对沿海水域的交通安全实施统一监督管理的主管机关。

2. 适用范围

(1)适用水域

《中华人民共和国海上交通安全法》适用的水域为中华人民共和国沿海水域。沿海水域是指中华人民共和国沿海港口、内水和领海以及国家管辖的一切其他海域。

①沿海港口:是指我国沿海岸线上的海港。

②内水:是指我国领海基线向陆地一侧的所有海域,包括内海、内海湾、内海峡、河口湾以及测算领海基线与海岸之间的海域等。

③领海:根据海洋法公约的规定,领海指沿海国陆地领土及其内水以外邻接的一带海域,在群岛国的情形下,领海指其群岛水域以外邻接的一带海域。领海是国家领土在海中的延续。根据《中华人民共和国领海及毗连区法》的规定,我国领海是自领海基线起向外延伸 12 海里的海域。

④国家管辖的一切其他海域:颁布《中华人民共和国海上交通安全法》时,我国并未对外公布专属经济区、大陆架等的范围,所以,在立法时对这些管辖海域做了灵活的处理,将其放在国家管辖的一切其他海域之中,以便使其适用《中华人民共和国海上交通安全法》。

(2)适用对象

《中华人民共和国海上交通安全法》适用对象为中华人民共和国沿海水域中航行、停泊和作业的一切船舶、设施和人员以及船舶、设施的所有人、经营人。

①船舶:是指各类排水或非排水船、筏、水上飞机、潜水器和移动式平台。

②设施:是指水上、下各种固定或浮动建筑、装置和固定平台。

三、《中华人民共和国渔港水域交通安全管理条例》相关内容

《中华人民共和国渔港水域交通安全管理条例》是根据《中华人民共和国海上交通安全法》第四十八条的规定,制定本条例,分别于 2011 年 1 月 8 日、2017 年 10 月 7 日对该条例进行了二次修正,共 29 条,自 1989 年 8 月 1 日起施行。中华人民共和国渔政渔港监督管理机关是对渔港水域交通安全实施监督管理的主管机关,并负责沿海水域渔业船舶之间交通事故的调查处理。该法的相关内容论述如下:

1. 适用范围

本条例适用于在中华人民共和国沿海以渔业为主的渔港和渔港水域(以下简称“渔港”和“渔港水域”)航行、停泊、作业的船舶、设施和人员以及船舶、设施的所有者、经营者。

渔港:渔港是指主要为渔业生产服务和供渔业船舶停泊、避风、装卸渔获物和补充渔需物资的人工港口或者自然港湾。

渔港水域:渔港水域是指渔港的港池、锚地、避风湾和航道。

渔业船舶:渔业船舶是指从事渔业生产的船舶以及属于水产系统为渔业生产服务的船舶,包括捕捞船、养殖船、水产运销船、冷藏加工船、油船、供应船、渔业指导船、科研调查船、教学实习船、渔港工程船、拖船、交通船、驳船、渔政船和渔监船。

2. 相关内容

(1)船舶进出渔港必须遵守渔港管理章程以及国际海上避碰规则,并依照规定办理签证,接受安全检查。渔港内的船舶必须服从渔政渔港监督管理机关对水域交通安全秩序的管理。

(2)在渔港内的航道、港池、锚地和停泊区,禁止从事有碍海上交通安全的捕捞、养殖等生产活动;确需从事捕捞、养殖等生产活动的,必须经渔政渔港监督管理机关批准。

(3)渔业船舶必须经船舶检验部门检验合格,取得船舶技术证书,并领取渔政渔港监督管理机关签发的渔业船舶航行签证簿后,方可从事渔业生产。

(4)渔业船舶之间发生交通事故,应当向就近的渔政渔港监督管理机关报告,并在进入第一个港口 48 小时之内向渔政渔港监督管理机关递交事故报告书和有关材料,接受调查处理。

3. 罚则

渔港内的船舶、设施有下列情形之一的,渔政渔港监督管理机关有权禁止其离港,或者令其停航、改航、停止作业:

(1) 违反中华人民共和国法律、法规或者规章的。

(2)处于不适航或者不适拖状态的。

(3)发生交通事故,手续未清的。

(4)未向渔政渔港监督管理机关或者有关部门交付应当承担的费用,也未提供担保的。

(5)渔政渔港监督管理机关认为有其他妨害或者可能妨害海上交通安全的。

渔港内的船舶、设施发生事故,对海上交通安全造成或者可能造成危害,渔政渔港监督管理机关有权对其采取强制性处置措施。

船舶进出渔港依照规定应当到渔政渔港监督管理机关办理签证而未办理签证的,或者在渔港内不服从渔政渔港监督管理机关对水域交通安全秩序管理的,由渔政渔港监督管理机关责令改正,可以并处警告、罚款;情节严重的,扣留或者吊销船长职务证书(扣留职务证书时间最长不超过 6 个月,下同)。

违反本条例规定,有下列行为之一的,由渔政渔港监督管理机关责令停止违法行为,可以并处警告、罚款;造成损失的,应当承担赔偿责任;对直接责任人员由其所在单位或者上级主管机关给予行政处分:

(1)未经渔政渔港监督管理机关批准或者未按照批准文件的规定,在渔港内装卸易燃、易爆、有毒等危险货物的。

(2)未经渔政渔港监督管理机关批准,在渔港内新建、改建、扩建各种设施或者进行其他水上、水下施工作业的。

(3)在渔港内的航道、港池、锚地和停泊区从事有碍海上交通安全的捕捞、养殖等生产活动的。

违反本条例规定,未持有船舶证书或者未配齐船员的,由渔政渔港监督管理机关责令改正,可以并处罚款。

违反本条例规定,不执行渔政渔港监督管理机关作出的离港、停航、改航、停止作业的决定,或者在执行中违反上述决定的,由渔政渔港监督管理机关责令改正,可以并处警告、罚款;情节严重的,扣留或者吊销船长职务证书。

当事人对渔政渔港监督管理机关作出的行政处罚决定不服的,可以在接到处罚通知之日起15日内向人民法院起诉；期满不起诉又不履行的，由渔政渔港监督管理机关申请人民法院强制执行。

因渔港水域内发生的交通事故或者其他沿海水域发生的渔业船舶之间的交通事故引起的民事纠纷，可以由渔政渔港监督管理机关调解处理；调解不成或者不愿意调解的，当事人可以向人民法院起诉。

拒绝、阻碍渔政渔港监督管理工作人员依法执行公务，应当给予治安管理处罚的，由公安机关依照《中华人民共和国治安管理处罚法》有关规定处罚；构成犯罪的，由司法机关依法追究刑事责任。

四、《中华人民共和国渔业船舶检验条例》相关内容

《中华人民共和国渔业船舶检验条例》经国务院批准，自2003年8月1日起施行。本条例共7章40条，分为：总则；初次检验；营运检验；临时检验；监督管理；法律责任；附则。该法的相关内容论述如下：

1. 总则

依照《中华人民共和国渔业法》制定本条例的目的在于规范渔业船舶的检验，保证渔业船舶具备安全航行和作业的条件，保障渔业船舶和渔民生命财产的安全，防止污染环境。本条例授权中华人民共和国渔业船舶检验局行使渔业船舶检验及其监督管理职能。地方渔业船舶检验机构依照本条例规定，负责有关的渔业船舶检验工作。

2. 初次检验

渔业船舶的初次检验是指渔业船舶检验机构在渔业船舶投入营运前对其所实施的全面检验。下列渔业船舶的所有者或者经营者应当申报初次检验：

(1)制造的渔业船舶。

(2)改造的渔业船舶(包括非渔业船舶改为渔业船舶、国内作业的渔业船舶改为远洋作业的渔业船舶)。

(3)进口的渔业船舶。

3. 营运检验

渔业船舶的营运检验是指渔业船舶检验机构对营运中的渔业船舶所实施的常规性检验。营运中的渔业船舶的所有者或者经营者应当按照国务院渔业行政主管部门规定的时间申报营运检验。渔业船舶检验机构应当按照国务院渔业行政主管部门的规定，根据渔业船舶运行年限和安全要求对下列项目实施检验：

(1)渔业船舶的结构和机电设备。

(2)与渔业船舶安全有关的设备、部件。

(3)与防止污染环境有关的设备、部件。

(4)国务院渔业行政主管部门规定的其他检验项目。

4. 临时检验

渔业船舶的临时检验是指渔业船舶检验机构对营运中的渔业船舶出现特定情形时所实施的非常规性检验。有下列情形之一的渔业船舶，其所有者或者经营者应当申报临时检验：

(1)因检验证书失效而无法及时回船籍港的。

(2)因不符合水上交通安全或者环境保护法律、法规的有关要求被责令检验的。

(3)具有国务院渔业行政主管部门规定的其他特定情形的。

5. 监督管理

有下列情形之一的渔业船舶,渔业船舶检验机构不得受理检验:

(1)设计图纸、技术文件未经渔业船舶检验机构审查批准或者确认的。

(2)违反本条例规定制造、改造的。

(3)违反本条例规定维修的。

(4)按照国家有关规定应当报废的。

6. 法律责任

(1)渔业船舶未经检验、未取得渔业船舶检验证书擅自下水作业的,没收该渔业船舶。按照规定应当报废的渔业船舶继续作业的,责令立即停止作业,收缴失效的渔业船舶检验证书,强制拆解应当报废的渔业船舶,并处 2 000 元以上 5 万元以下的罚款;构成犯罪的,依法追究刑事责任。

(2)渔业船舶应当申报营运检验或者临时检验而不申报的,责令立即停止作业,限期申报检验;逾期仍不申报检验的,处 1 000 元以上 1 万元以下的罚款,并可以暂扣渔业船舶检验证书。

(3)有下列行为之一的,责令立即改正,处 2 000 元以上 2 万元以下的罚款;正在作业的,责令立即停止作业;拒不改正或者拒不停止作业的,强制拆除非法使用的重要设备、部件和材料或者暂扣渔业船舶检验证书;构成犯罪的,依法追究刑事责任:

①使用未经检验合格的有关航行、作业和人身财产安全以及防止污染环境的重要设备、部件和材料,制造、改造、维修渔业船舶的。

②擅自拆除渔业船舶上有关航行、作业和人身财产安全以及防止污染环境的重要设备、部件的。

③擅自改变渔业船舶的吨位、载重线、主机功率、人员定额和适航区域的。

(4)伪造、变造渔业船舶检验证书、检验记录和检验报告,或者私刻渔业船舶检验业务印章的,应当予以没收;构成犯罪的,依法追究刑事责任。

五、《防治船舶污染海洋环境管理条例》相关内容

2009 年 9 月 9 日中华人民共和国国务院令第 561 号公布,根据 2013 年 7 月 18 日、2013 年 12 月 7 日、2014 年 7 月 29 日、2016 年 2 月 6 日、2017 年 3 月 1 日共五次修订,自 2010 年 3 月 1 日起施行。该《条例》共 9 章 76 条。该法的相关内容论述如下:

为了防治船舶及其有关作业活动污染海洋环境,根据《中华人民共和国海洋环境保护法》,制定本条例。

1. 适用范围和管理机关

防治船舶及其有关作业活动污染中华人民共和国管辖海域适用本条例。国务院交通运输主管部门主管所辖港区水域内非军事船舶和港区水域外非渔业、非军事船舶污染海洋环境的

防治工作。

海事管理机构依照本条例规定具体负责防治船舶及其有关作业活动污染海洋环境的监督管理。

2. 船舶污染物的排放和接收

船舶在中华人民共和国管辖海域向海洋排放的船舶垃圾、生活污水、含油污水、含有毒有害物质污水、废气等污染物以及压载水,应当符合法律、行政法规、中华人民共和国缔结或者参加的国际条约以及相关标准的要求。

船舶应当将不符合前款规定的排放要求的污染物排入港口接收设施或者由船舶污染物接收单位接收。

船舶不得向依法划定的海洋自然保护区、海滨风景名胜区、重要渔业水域以及其他需要特别保护的海域排放船舶污染物。

船舶处置污染物,应当在相应的记录簿内如实记录。

船舶应当将使用完毕的船舶垃圾记录簿在船舶上保留 2 年;将使用完毕的含油污水、含有毒有害物质污水记录簿在船舶上保留 3 年。

船舶污染物接收单位从事船舶垃圾、残油、含油污水、含有毒有害物质污水接收作业,应当编制作业方案,遵守相关操作规程,并采取必要的防污染措施。船舶污染物接收单位应当将船舶污染物接收情况按照规定向海事管理机构报告。

船舶污染物接收单位接收船舶污染物,应当向船舶出具污染物接收单证,经双方签字确认并留存至少 2 年。污染物接收单证应当注明作业双方名称,作业开始和结束的时间、地点,以及污染物种类、数量等内容。船舶应当将污染物接收单证保存在相应的记录簿中。

船舶污染物接收单位应当按照国家有关污染物处理的规定处理接收的船舶污染物,并每月将船舶污染物的接收和处理情况报海事管理机构备案。

3. 船舶污染事故应急处置

本条例所称船舶污染事故是指船舶及其有关作业活动发生油类、油性混合物和其他有毒有害物质泄漏造成的海洋环境污染事故。

船舶污染事故分为以下等级:

(1)特别重大船舶污染事故是指船舶溢油 1 000 吨以上,或者造成直接经济损失 2 亿元以上的船舶污染事故。

(2)重大船舶污染事故是指船舶溢油 500 吨以上不足 1 000 吨,或者造成直接经济损失 1 亿元以上不足 2 亿元的船舶污染事故。

(3)较大船舶污染事故是指船舶溢油 100 吨以上不足 500 吨,或者造成直接经济损失 5 000 万元以上不足 1 亿元的船舶污染事故。

(4)一般船舶污染事故是指船舶溢油不足 100 吨,或者造成直接经济损失不足 5 000 万元的船舶污染事故。

船舶在中华人民共和国管辖海域发生污染事故,或者在中华人民共和国管辖海域外发生污染事故造成或者可能造成中华人民共和国管辖海域污染的,应当立即启动相应的应急预案,采取措施控制和消除污染,并就近向有关海事管理机构报告。

发现船舶及其有关作业活动可能对海洋环境造成污染的,船舶、码头、装卸站应当立即采取相应的应急处置措施，并就近向有关海事管理机构报告。

接到报告的海事管理机构应当立即核实有关情况，并向上级海事管理机构或者国务院交通运输主管部门报告，同时报告有关沿海设区的市级以上地方人民政府。

发生特别重大船舶污染事故，国务院或者国务院授权国务院交通运输主管部门成立事故应急指挥机构。

发生重大船舶污染事故，有关省、自治区、直辖市人民政府应当会同海事管理机构成立事故应急指挥机构。

发生较大船舶污染事故和一般船舶污染事故，有关设区的市级人民政府应当会同海事管理机构成立事故应急指挥机构。

有关部门、单位应当在事故应急指挥机构统一组织和指挥下，按照应急预案的分工，开展相应的应急处置工作。

船舶发生事故有沉没危险，船员离船前，应当尽可能关闭所有货舱（柜）、油舱（柜）管系的阀门，堵塞货舱（柜）、油舱（柜）通气孔。

船舶沉没的，船舶所有人、经营人或者管理人应当及时向海事管理机构报告船舶燃油、污染危害性货物以及其他污染物的性质、数量、种类、装载位置等情况，并及时采取措施予以清除。

发生船舶污染事故或者船舶沉没，可能造成中华人民共和国管辖海域污染的，有关沿海设区的市级以上地方人民政府、海事管理机构根据应急处置的需要，可以征用有关单位或者个人的船舶和防治污染设施、设备、器材以及其他物资，有关单位和个人应当予以配合。

被征用的船舶和防治污染设施、设备、器材以及其他物资使用完毕或者应急处置工作结束，应当及时返还。船舶和防治污染设施、设备、器材以及其他物资被征用或者征用后毁损、灭失的，应当给予补偿。

发生船舶污染事故，海事管理机构可以采取清除、打捞、拖航、引航、过驳等必要措施，减轻污染损害。相关费用由造成海洋环境污染的船舶、有关作业单位承担。

需要承担前款规定费用的船舶，应当在开航前缴清相关费用或者提供相应的财务担保。

处置船舶污染事故使用的消油剂，应当符合国家有关标准。

4. 船舶污染事故损害赔偿

（1）造成海洋环境污染损害的责任者，应当排除危害，并赔偿损失；完全由于第三者的故意或者过失，造成海洋环境污染损害的，由第三者排除危害，并承担赔偿责任。

（2）完全属于下列情形之一，经过及时采取合理措施，仍然不能避免对海洋环境造成污染损害的，免予承担责任：

a. 战争。

b. 不可抗拒的自然灾害。

c. 负责灯塔或者其他助航设备的主管部门，在执行职责时的疏忽，或者其他过失行为。

六、《中华人民共和国渔业船员管理办法》相关内容

《中华人民共和国渔业船员管理办法》经农业部批准，自 2015 年 1 月 1 日起施行。本办法共 8 章 53 条，分为：总则；渔业船员任职和发证；渔业船员配员和职责；渔业船员培训和服务；

渔业船员职业管理与保障;监督管理;罚则;附则。该法的相关内容论述如下:

1. 总则

依据《中华人民共和国船员条例》制定本办法的目的在于加强渔业船员管理,维护渔业船员合法权益,保障渔业船舶及船上人员的生命财产安全。

(1)适用对象

本办法适用于在中华人民共和国国籍渔业船舶上工作的渔业船员的管理。

(2)主管机关

农业部负责全国渔业船员管理工作。县级以上地方人民政府渔业行政主管部门及其所属的渔政渔港监督管理机构,依照各自职责负责渔业船员管理工作。

2. 渔业船员任职、培训和发证

渔业船员实行持证上岗制度。渔业船员应当按照本办法的规定接受培训,经考试或考核合格、取得相应的渔业船员证书后,方可在渔业船舶上工作。

在远洋渔业船舶上工作的中国籍船员,还应当按照有关规定取得中华人民共和国海员证。

渔业船员分为职务船员和普通船员:

职务船员分为海洋渔业职务船员(证书)和内陆渔业职务船员(证书)。职务船员是负责船舶管理的人员,包括以下五类:

a. 驾驶人员,职级包括船长、船副、助理船副。

b. 轮机人员,职级包括轮机长、管轮、助理管轮。

c. 机驾长。

d. 电机员。

e. 无线电操作员。

(1)海洋渔业职务船员证书等级

①驾驶人员证书

a. 一级证书:适用于船舶长度 45 m 以上的渔业船舶,包括一级船长证书、一级船副证书。

b. 二级证书:适用于船舶长度 24 m 以上不足 45 m 的渔业船舶,包括二级船长证书、二级船副证书。

c. 三级证书:适用于船舶长度 12 m 以上不足 24 m 的渔业船舶,包括三级船长证书。

d. 助理船副证书:适用于所有渔业船舶。

②轮机人员证书

a. 一级证书:适用于主机总功率 750 kW 以上的渔业船舶,包括一级轮机长证书、一级管轮证书。

b. 二级证书:适用于主机总功率 250 kW 以上不足 750 kW 的渔业船舶,包括二级轮机长证书、二级管轮证书。

c. 三级证书:适用于主机总功率 50 kW 以上不足 250 kW 的渔业船舶,包括三级轮机长证书。

d. 助理管轮证书:适用于所有渔业船舶。

③机驾长证书:适用于船舶长度不足 12 m 或者主机总功率不足 50 kW 的渔业船舶上,驾驶与轮机岗位合一的船员。

④电机员证书:适用于发电机总功率 800 kW 以上的渔业船舶。

⑤无线电操作员证书:适用于远洋渔业船舶。

(2)渔业船员培训包括基本安全培训、职务船员培训和其他培训。

①基本安全培训是指渔业船员都应当接受的任职培训,包括水上求生、船舶消防、急救、应急措施、防止水域污染、渔业安全生产操作规程等内容。

②职务船员培训是指职务船员应当接受的任职培训,包括拟任岗位所需的专业技术知识、专业技能和法律法规等内容。

③其他培训是指远洋渔业专项培训和其他与渔业船舶安全和渔业生产相关的技术、技能、知识、法律法规等培训。

(3)申请渔业普通船员证书应当具备以下条件:

①年满 16 周岁。

②符合渔业船员健康标准。

③经过基本安全培训。

(4)申请渔业职务船员证书应当具备以下条件:

①持有渔业普通船员证书或下一级相应职务船员证书。

②年龄不超过 60 周岁,对船舶长度不足 12 m 或者主机总功率不足 50 kW 渔业船舶的职务船员,年龄资格上限可由发证机关根据申请者身体健康状况适当放宽。

③符合任职岗位健康条件要求。

④具备相应的任职资历条件,且任职表现和安全记录良好。

⑤完成相应的职务船员培训,在远洋渔业船舶上工作的驾驶和轮机人员,还应当接受远洋渔业专项培训。

(5)渔业职务船员按照以下顺序依次晋升:

①驾驶人员:助理船副→三级船长或二级船副→二级船长或一级船副→一级船长。

②轮机人员:助理管轮→三级轮机长或二级管轮→二级轮机长或一级管轮→一级轮机长。

(6)申请海洋渔业职务船员证书考试资历条件:

①初次申请:申请助理船副、助理管轮、机驾长、电机员、无线电操作员职务船员证书的,应当担任渔捞员、水手、机舱加油工或电工实际工作满 24 个月。

②申请证书等级职级提高:持有下一级相应职务船员证书,并实际担任该职务满 24 个月。

(7)航海、海洋渔业、轮机管理、机电、船舶通信等专业的院校毕业生申请渔业职务船员证书,具备本办法第八条规定的健康及任职资历条件的,可申请考核。经考核合格,按以下规定分别发放相应的渔业职务船员证书:

①高等院校本科毕业生按其所学专业签发一级船副、一级管轮、电机员、无线电操作员证书。

②高等院校专科(含高职)毕业生按其所学专业签发二级船副、二级管轮、电机员、无线电操作员证书。

③中等专业学校毕业生按其所学专业签发助理船副、助理管轮、电机员、无线电操作员证书。

(8)曾在军用船舶、交通运输船舶等非渔业船舶上任职的船员申请渔业船员证书,应当参加考核。经考核合格,由渔政渔港监督管理机构换发相应的渔业普通船员证书或渔业职务船员证书。

(9)渔业船员考试包括理论考试和实操评估。海洋渔业船员考试大纲由农业部统一制定并公布。内陆渔业船员考试大纲由省级渔政渔港监督管理机构根据本辖区的具体情况制定并公布。

(10)渔业船员证书的有效期不超过5年。证书有效期满,持证人应当向有相应管理权限的渔政渔港监督管理机构申请换发证书。渔政渔港监督管理机构可以根据实际需要和职务知识技能更新情况组织考核,对考核合格的,换发相应渔业船员证书。渔业船员证书期满5年后,持证人需要从事渔业船员工作的,应当重新申请原等级原职级证书。

(11)有效期内的渔业船员证书损坏或丢失的,应当凭损坏的证书原件或在原发证机关所在地报纸刊登的遗失声明,向原发证机关申请补发。

3. 渔业船员配员

(1)海洋渔业船舶应当满足本办法规定(表4-1)的职务船员最低配员标准。持有高等级职级船员证书的船员可以担任低等级职级船员职务。

表4-1 渔业船员最低配员标准

配员 船舶类型	职务船员最低配员标准		
长度≥45 m远洋渔业船舶	一级船长	一级船副	助理船副2名
长度≥45 m非远洋渔业船舶	一级船长	一级船副	助理船副
36 m≤长度<45 m	二级船长	二级船副	助理船副
24 m≤长度<36 m	二级船长	二级船副	
12 m≤长度<24 m	三级船长	助理船副	
主机总功率≥3 000 kW	一级轮机长	一级管轮	助理管轮2名
750 kW≤主机总功率<3 000 kW	一级轮机长	一级管轮	助理管轮
450 kW≤主机总功率<750 kW	二级轮机长	二级管轮	助理管轮
250 kW≤主机总功率<450 kW	二级轮机长	二级管轮	
50 kW≤主机总功率<250 kW	三级轮机长		
船舶长度不足12 m或者主机总功率不足50 kW	机驾长		
发电机总功率800 kW瓦以上	电机员,可由持有电机员证书的轮机人员兼任		
远洋渔业船舶	无线电操作员,可由持有全球海上遇险和安全系统(GMDSS)无线电操作员证书的驾驶人员兼任		

注:省级人民政府渔业行政主管部门可参照以上标准,根据本地情况,对船长不足24 m渔业船舶的驾驶人员和主机总功率不足250 kW渔业船舶的轮机人员配备标准进行适当调整,报农业部备案。

(2)渔业船舶在境外遇有不可抗力或其他持证人不能履行职务的特殊情况,导致无法满足本办法规定的职务船员最低配员标准时,可以由船舶所有人或经营人向船籍港所在地省级渔政渔港监督管理机构申请临时担任上一职级的特免证明。特免证明有效期不得超过 6 个月。

(3)中国籍渔业船舶的船员应当由中国籍公民担任。确需由外国籍公民担任的,应当持有所属国政府签发的相关身份证件,在我国依法取得就业许可,并按本办法的规定取得渔业船员证书。

4. 渔业船员职业管理与保障

(1)渔业船舶所有人或经营人应当依法与渔业船员订立劳动合同。

(2)渔业船舶所有人或经营人应当依法为渔业船员办理保险。

(3)渔业船舶所有人或经营人应当保障渔业船员的生活和工作场所符合《渔业船舶法定检验规则》对船员生活环境、作业安全和防护的要求,并为船员提供必要的船上生活用品、防护用品、医疗用品,建立船员健康档案,为船员定期进行健康检查和心理辅导,防治职业疾病。

(4)渔业船员在船上工作期间受伤或者患病的,渔业船舶所有人或经营人应当及时给予救治;渔业船员失踪或者死亡的,渔业船舶所有人或经营人应当及时做好善后工作。

(5)渔业船舶所有人或经营人是渔业安全生产的第一责任人,应当保证安全生产所需的资金投入,建立健全安全生产责任制,按照规定配备船员和安全设备,确保渔业船舶符合安全适航条件,并保证船员足够的休息时间。

5. 罚则

(1)罚款。

(2)吊销渔业船员证书。

(3)依法追究刑事责任。

七、《中华人民共和国船舶进出渔港签证办法》相关内容

《中华人民共和国船舶进出渔港签证办法》经农业部批准,于 1990 年 1 月 26 日由农业部实施执行,并于 1997 年 12 月 25 日农业部令进行修订。本办法共 5 章 20 条,分为:总则;签证办法;签证条件;违章处罚;附则。该法的相关内容论述如下:

1. 总则

依据《中华人民共和国海上交通安全法》、《中华人民共和国防止船舶污染海域管理条例》及《中华人民共和国渔港水域交通安全管理条例》等有关法律、行政法规,特制定本办法的。目的在于维护渔港正常秩序,保障渔港设施、船舶及人命、财产安全,防止污染渔港水域环境,加强进出渔港船舶的监督管理。

(1)凡进出渔港(含综合性港口内的渔业港区、水域、锚地和渔船停泊的自然港湾)的中国籍船舶均应遵守本办法。

(2)下列船舶可免予签证:

①在执行公务时的军事、公安、边防、海关、海监、渔政船等国家公务船。

②体育运动船。

③经渔港监督机关批准免予签证的其他船舶。

④中华人民共和国渔港监督机关是依据本办法负责船舶进出渔港签证工作和对渔业船舶

实施安全检查的主管机关。

2. 签证办法

（1）船舶应在进港后24小时内（在港时间不足24小时的，应于离港前）应向渔港监督机关办理进出港签证手续，并接受安全检查。签证工作一般实行进出港一次签证。

（2）在海上连续作业时间不超过24小时的渔业船舶（包括水产养殖船），以及长度在12 m以下的小型渔业船舶，可以向所在地或就近渔港的渔港监督机关或其派出机构办理定期签证，并接受安全检查。

（3）渔港监督机关办理进出港签证，须填写渔业船舶进出港签证登记簿和渔业船舶航行签证簿备查。

3. 签证条件

进出渔港的船舶须符合下列条件，方能办理签证：

（1）船舶证书（国籍证书或登记证书、船舶检验证书、航行签证簿）齐全、有效。

（2）捕捞渔船须有渔业捕捞许可证。

（3）捕捞渔船临时从事载客、载货运输时，须向船舶检验部门申请临时检验，并取得有关证书。

（4）150总吨以上的油船、400总吨以上的非油轮和主机额定功率300 kW以上的渔业船舶，应备有油类记录簿。

（5）按规定配齐船员、职务船员应持有有效的职务证书。

（6）船舶处于适航状态。各种有关航行安全的重要设施及救生、消防设备按规定配备齐全，并处于良好使用状态。装载合理，按规定标写船名、船号、船籍港和悬挂船名牌。

（7）根据天气预报，海上风力没有超过船舶抗风等级。

4. 违章处罚

警告、罚款、扣留或者吊销船长职务证书（扣留职务证书时间不得超过6个月）。

八、《渔业船舶水上安全事故报告和调查处理规定》相关内容

《渔业船舶水上安全事故报告和调查处理规定》经农业部批准，自2013年2月1日起施行。本规定共6章41条，分为：总则；事故报告；事故调查；事故处理；调解；附则。该规定的相关内容论述如下：

1. 总则

《渔业船舶水上安全事故报告和调查处理规定》是为了加强渔业船舶水上安全管理，规范渔业船舶水上安全事故的报告和调查处理工作，落实渔业船舶水上安全事故责任追究制度而制定的规定。

（1）适用范围

①船舶、设施在中华人民共和国渔港水域内发生的水上安全事故。

②在中华人民共和国渔港水域外从事渔业活动的渔业船舶以及渔业船舶之间发生的水上安全事故（包括自然灾害事故）。

（2）渔业船舶水上安全事故分为以下等级：

①特别重大事故，指造成30人以上死亡、失踪，或100人以上重伤（包括急性工业中毒，下同），或1亿元以上直接经济损失的事故。

②重大事故，指造成10人以上30人以下死亡、失踪，或50人以上100人以下重伤，或5000万元以上1亿元以下直接经济损失的事故。

③较大事故，指造成3人以上10人以下死亡、失踪，或10人以上50人以下重伤，或1 000万元以上5 000万元以下直接经济损失的事故。

④一般事故，指造成3人以下死亡、失踪，或10人以下重伤，或1 000万元以下直接经济损失的事故。

2. 事故报告

（1）发生渔业船舶水上安全事故后，当事人或其他知晓事故发生的人员应当立即向就近渔港或船籍港的渔船事故调查机关报告。

（2）渔船事故调查机关接到渔业船舶水上安全事故报告后，应当立即核实情况，采取应急处置措施，并按下列规定及时上报事故情况。

（3）远洋渔业船舶发生水上安全事故，由船舶所属、代理或承租企业向其所在地省级渔船事故调查机关报告，并由省级渔船事故调查机关向农业部报告。中央企业所属远洋渔业船舶发生水上安全事故，由中央企业直接报告农业部。

（4）渔业船舶在渔港水域外发生水上安全事故，应当在进入第一个港口或事故发生后48小时内向船籍港渔船事故调查机关提交水上安全事故报告书和必要的文书资料。

（5）水上安全事故报告书应当包括以下内容：

①船舶、设施概况和主要性能数据。

②船舶、设施所有人或经营人名称、地址、联系方式，船长及驾驶值班人员、轮机长及轮机值班人员姓名、地址、联系方式。

③事故发生的时间、地点。

④事故发生时的气象、水域情况。

⑤事故发生详细经过（碰撞事故应附相对运动示意图）。

⑥受损情况（附船舶、设施受损部位简图），提交报告时难以查清的，应当及时检验后补报。

⑦已采取的措施和效果。

⑧船舶、设施沉没的，说明沉没位置。

⑨其他与事故有关的情况。

3. 事故调查

（1）事故当事人和有关人员应当配合调查，如实陈述事故的有关情节，并提供真实的文书资料。

（2）渔船事故调查机关因调查需要，可以责令当事船舶驶抵指定地点接受调查。除危及自身安全的情况外，当事船舶未经渔船事故调查机关同意，不得驶离指定地点。

4. 事故处理

（1）对渔业船舶水上安全事故负有责任的人员和船舶、设施所有人、经营人，由渔船事故调查机关依据有关法律法规给予行政处罚，并可建议有关部门和单位给予处分。

(2)根据渔业船舶水上安全事故发生的原因,渔船事故调查机关可以责令有关船舶、设施的所有人、经营人限期加强对所属船舶、设施的安全管理。对拒不加强安全管理或在期限内达不到安全要求的,渔船事故调查机关有权禁止有关船舶、设施离港,或责令其停航、改航、停止作业,并可依法采取其他必要的强制处置措施。

(3)渔业船舶水上安全事故当事人和有关人员涉嫌犯罪的,渔船事故调查机关应当依法移送司法机关追究刑事责任。

5. 调解

(1)因渔业船舶水上安全事故引起的民事纠纷,当事人各方可以在事故发生之日起 30 日内,向负责事故调查的渔船事故调查机关共同书面申请调解。渔船事故调查机关开展调解,应当遵循公平自愿的原则。

已向仲裁机构申请仲裁或向人民法院提起诉讼,当事人申请调解的,不予受理。

(2)已向渔船事故调查机关申请调解的民事纠纷,当事人中途不愿调解的,应当递交终止调解的书面申请,并通知其他当事人。自受理调解申请之日起 3 个月内,当事人各方未达成调解协议的,渔船事故调查机关应当终止调解,并告知当事人可以向仲裁机构申请仲裁或向人民法院提起诉讼。

第二节　渔船防污染的规定

随着航运业的发展,从事航运的船舶越来越多,排入海洋的有害物质也与日俱增,造成海洋污染,破坏海洋环境,影响生态平衡,危及海洋渔业资源。船舶防污染是指:严格控制和预防船舶的各种有害物质的排放和意外泄漏;防止船舶在正常营运和事故中给海洋造成污染。

中华人民共和国政府于 1983 年 7 月 1 日加入《MARPOL 73/78 公约》,成为该公约的缔约国。下面就其内容做简单介绍。

一、船舶油污水排放的规定

1. 一般情况:

(1)在批准的区域内。

(2)在航行中,瞬时排放率不大于 30 L/n mile。

(3)污水的含油量不大于 15ppm。

(4)船上油水分离设备、过滤系统和排油监控装置处于正常工作状态。

2. 150 总吨及以上油船和 400 总吨及以上的非油船机舱油污水的排放,除满足上述要求外,还应距最近陆地 12 n mile 以外。

3. 船舶进行油类作业,必须遵守下列规定:

(1)作业前,必须检查管路、阀门、做好准备工作,堵好甲板排水孔,关好有关通海阀。

(2)检查油类作业的有关设备,使其处于良好状态。

(3)对可能发生溢漏的地方,要设置集油容器。

(4)供油、受油双方商定的联系信号,以受方为主,双方均应切实执行。

(5)作业中,要有足够人员值班,当班人员要坚守岗位,严格执行操作规程,掌握作业进度,防止跑油、漏油。

(6)停止作业时,必须关好阀门。

(7)收解输油软管时,必须事先用盲板将软管封好,或采取其他有效措施,防止软管存油倒流入海。

(8)应将油类作业情况,准确地记入油类记录簿;国家不要求配备油类记录簿的船舶,应记入轮机日志或值班记录簿。

二、船舶防污染文书及设备

1. 150 总吨及以上的油船和 400 总吨及以上的非油船,必须备有《中华人民共和国海洋环境保护法》规定的船舶防污文书及渔港监督要求的其他文书。

2. 各类船舶要分别装设符合本条例要求的防污设备。

对 150 总吨及以上的油船和 400 总吨及以上的非油船,防止油污设备应符合下列要求:

(1)机舱污水和压载水分别使用不同的管系。

(2)设置污油储存舱。

(3)装设标准排放接头。

(4)装设油水分离设备或过滤系统。

(5)1 万总吨及以上的船舶,还应装设排油监控装置。

(6)船舶装设的其他防污设备应符合国家船舶防污结构和设备规范的有关规定。

不足 150 总吨的油船和不足 400 总吨的非油船应设有专用容器,以回收残油、废油,应能将残油、废油排入港口接收设备。

三、油污水排放操作规程

1. 起动操作

(1)询问驾驶台,是否可以排放污水,并记录排放开始时间、地点及污水存量。

(2)检查各仪表、仪器是否完好。

(3)关闭油水分离器上的各个泄放阀。

(4)打开油水分离器上的放气旋塞,打开处理水排放阀,起动 15ppm 监测装置。

(5)将泵吸入口管路上的三通阀切换到清水(或海水)管系上。

(6)接通电气控制箱电源,电源指示灯亮。

(7)将电气控制箱面板上的排油开关切换到“手动”位置,排油信号灯亮,此时排油电磁阀处于开启状态。

(8)在电气控制箱面板上按下泵起动按钮,泵即开始运转,工作指示灯亮,此时,清水被泵入油水分离器内,将装置内的空气排出。

(9)当油水分离器上的放气旋塞出水时,表明装置内已经灌满水,此时关闭放气旋塞。

(10)把泵吸入口管路上的三通阀切换到油污水管系上。泵停止吸清水,而开始改吸油污水舱中的污水。

(11)将电气控制箱面板上的排油开关切换到“自动”位置,排油信号灯熄灭,此时排油电磁阀处于关闭状态。

(12)调节排出管路上的压力调节阀,使压力保持在0.05~0.1 MPa。

完成上述操作,油水分离器即可投入正常工作。

2. 油水分离器的运行管理

(1)检查各仪表的读数是否正常。

(2)泵出口压力不准超负荷,安全阀整定值为0.26 MPa,排出管压力值应为0.05~0.1 MPa。当泵出口压力值超过规定值,应检查管路是否堵塞;否则应清洗或更换分离器滤芯,清洗分离器。

(3)当环境温度较低时(寒冷季节),污油黏度较大,应该将控制箱上加热开关扳到自动位置,设定加热温度(最高不超过60 ℃)。

(4)经常开启排水管上取水旋塞,检查排水情况,取样时,开启取样旋塞,让其放气1 min左右,然后用取样瓶取样,取样瓶应该用碱液或肥皂水反复清洗干净,保证无油迹。

(5)经常检查各管系情况,不得有泄漏。

3. 监控

(1)油水分离器投入正常运行时,应将油分浓度监测装置电源开关接通。

(2)将监测装置取水样管路上的三通阀切换到分离装置处理水排放水管上,仪器即投入运行,自动进行连续检测和控制。

(3)当油水分离器停止工作后,将取样管路上的三通阀在切换清水位置上冲洗几分钟,然后将阀关闭,切断监测装置电源。

4. 停机操作

(1)当油污水处理完毕时,将泵吸入口管路上的三通阀切换到清水(或海水)管系上,连续运行15 min,以冲洗分离装置。

(2)将电气控制箱面板上的排油开关切换到“手动”位置,停止加热。

(3)冲洗完毕后,按下电气控制箱面板上泵的停止钮,泵即停止运转,工作指示灯熄灭。

(4)停止运行后通知驾驶台,并记录排放结束时间、地点及污水柜存量。

(5)若短期停用满水保养,长期停用需将油水分离器放空。

第三节　渔船轮机设备检验

为了便于进行具体的检验工作,主管机关制定了船舶检验技术规程,其中轮机设备检验的主要检验数据如下:

一、主要机械设备

1. 柴油机扫气箱防爆门的开启压力不超过最高扫气压力的1.1倍。

2. 柴油机气缸盖、气缸和活塞的冷却水腔水压试验，水压一般都为 0.7 MPa。

3. 柴油机气缸安全阀校验开启压力为 1.4 倍最大燃烧压力。

4. 废气涡轮增压器的叶轮做动平衡试验并应符合下列规定：

(1) 当 $n \leqslant 20\ 000$ r/min 时，叶轮偏心距 $e > 0.02$ mm。

(2) 当 $n > 20\ 000$ r/min 时，叶轮偏心距 $e \leqslant 0.01$ mm。

5. 对涡轮增压器壳进行 1.5p(p 为工作压力，MPa；) 但不少于 0.4 MPa 的水压试验，以检查有无裂纹。

6. 中冷器应进行 1.25p 水压试验(p 为最大工作压力，MPa)。

7. 柴油机机座紧配螺栓应不少于总数的 15%，且至少不少于 4 只。垫片厚度应在 10~75 mm 之间，钢质垫块厚度不大于 25 mm，铸铁垫块厚度不少于 25 mm。

8. 发电柴油机修理后的负荷试验应尽量达到标定值。如遇老旧船舶达标有困难时，可按船舶常用最大负荷但不低于标定值的 75%进行负荷试验，试验时间不少于 2 h。

9. 经检修的锚机、舵机和起货设备，在效用试验前应进行不少于 30 min 的空载运转试验。

10. 校验舵机液压系统上的溢流阀、安全阀，其开启压力应不大于 1.1 倍的最大工作压力。

11. 空气压缩机总排量对空气起动系统应能从大气压力开始在 1 h 内充满所有主机起动用空气瓶。

12. 空气瓶及管系的密封性试验从充气达到工作压力后起算 24 h 内压力降不大于工作压力的 4%，或浸入水中 3 min 无漏气即为合格。

13. 空气瓶的安全阀应经校验，开启压力不超过 1.1 倍的工作压力，关闭压力一般不低于 85%的工作压力。

设置易熔塞的空气瓶，应结合内部检验检查易熔塞的技术状况是否正常。

14. 动力管系一般按 1.5 倍工作压力做液压试验。管壁表面温度超过 60 ℃者一般应包扎绝热材料或保护层。

二、电气设备

1. 发电机或变换装置检修后，以在船舶各种使用工况中常用的最大负荷作为试验负荷，试验时间为 1~2 h；发电机额定容量(如属可能)进行温升试验直至温升实际稳定为止，试验时间一般不少于 4 h，温升不应超过规范规定的温升限定值。

2. 发电机并联运行试验的负载应在总标定功率的 20%至机组并联运行常用的最大负荷内变化，应能稳定运行和负荷转移。

3. 发电机的自动开关，应校核下列保护装置(包括脱扣器动作)的可靠性：

(1) 过载保护装置

过载为 10%~50%，经少于 2 min 的延时开关应分断。建议可调定在发电机额定电流的 125%~135%，延时 15~30 s 自动开关分断，也可按原调定值进行复核。

(2) 并联运行的发电机的逆功率(或逆电流)保护装置调定为：

柴油发电机标定功率(电流)的 8%~15%；

交流发电机应延时 3~10 s 动作，直流发电机应瞬时或短暂延时(少于 1 s)动作，也可按原调定值复核。

(3)并联运行的发电机的欠电压保护,应当在电压降低至额定电压的70%~35%时,自动开关自动分断。

4.电动机检修后应在机械装置常用最大负荷下试验不少于1 h,电动机应无敲击和过热及振动现象。

5.绕组经过重新缠绕的电动机,相应进行平衡、超速、耐电压及温升试验;以机械装置常用最大负荷进行温升试验,试验时间不少于2 h。

三、螺旋桨轴和艉轴

1.检查键与艉轴的键槽及桨毂键槽的装配情况,一般应不能插入0.05 mm的塞尺,允许沿键槽周长的20%局部插入。

2.检查轴套的磨损,轴套减薄不应超过原厚度的50%,填料函处不应超过60%,轴和轴套的圆度和圆柱度不应超过规定值。

3.换新铜套应进行0.15 MPa的水压试验,5 min内不得渗漏。

4.检查艉轴承间隙,其安装及磨损极限不应超出规定值。轴承下部应无间隙,测量位置一般以距艉管端100 mm处为准。铁梨木轴承如因修理需要偏心镗孔时,铁梨木厚度应不小于按正中心镗孔厚度的80%。

5.检查艉轴油润滑轴承的轴封装置,装复后应进行油压试验以检查密封性是否良好,试验压力为1.5倍的工作压力。如采用重力油柜润滑时,从泵至有回油时算起连续3 min内不应有任何泄漏。如属橡皮筒式端面密封,一般也不应漏油,但每分钟油滴不超过3滴时亦允许使用(试验时应间断正倒慢慢转车)。

第四节　机损事故的报告与处理

一、机损事故的等级分类

船舶机电设备(除通信导航设备外)发生损坏并造成经济损失的称为机损事故。机损事故分为船员责任事故和非船员责任事故。

船员责任事故是指由于船员违反劳动纪律或违反操作规程、对机电设备管理使用不当、不按预防检修要求进行检修、疏于保养、自修质量不良、使用燃油润滑油(脂)规格品种不符合规定等造成的机损事故。

非船员责任事故是指由于厂(站)违反工艺操作规程、施工修理和装配不当、新造或新换的机件或设备的材料和成份不符合要求、设计上存在缺陷、自然磨损腐蚀、已经发现但事先无条件修换等原因造成的机损事故,以及港口工人违章操作及不可抗拒等原因造成的机损事故。

船舶机损事故按其直接经济损失及人身伤亡情况,分为一般事故、大事故和重大事故。小于一般事故的为轻微事故。机损事故造成1至两人死亡的属大事故,造成3人以上死亡的属重大事故。

二、机损事故报告统计

船舶发生机损事故，值班人员应立即报告有关人员及轮机长，并转报船长。

船舶发生大事故、重大事故，船长应尽快将情况报告船舶所属单位，船舶所属单位应在接到报告后 24 小时内报告上级主管部门。

船舶机损事故发生后，不论其性质属于船员责任事故或非船员责任事故，国际航行的船舶应在事故发生后 45 天之内，国内航行的船舶应在事故发生后 15 天之内，向主管机务部门提交经船长签字的船舶机电设备损坏事故报告。

因船舶机损而造成的海损事故，或因海损而造成的机损事故，均应填写船舶机电设备损坏事故报告，报送船舶所属企业的监、主管部门及有关的上级监督部门。

如发生机损事故，应将相关情况记入轮机日志和航海(行)日志，同时应填写“船舶机电设备损坏事故报告”。

虽未构成机电设备损坏，但可能酿成机损事故的情况，也应记入轮机日志和航海(行)日志。

船舶和单位主管部门对机损事故不得谎报和隐瞒。

三、机损事故的调查处理

渔业单位的机务部门在接到船舶机电设备损坏报告后，应根据事故的大小，派人上船或以其他方式进行调查。在调查过程中，机务部门可视情况邀请有关部门参加。

机务部门对机损事故造成损坏的机电设备确认有修复可能和修理价值的，应采取措施尽快修复。

渔业单位对机损事故，应按照事故原因不清不放过、事故责任者和群众没有受到教育不放过、没有防范措施不放过(即“三不放过”)的原则认真严肃处理。根据事故情节轻重，及时对船员责任事故的当事人做出处理决定。大事故和重大事故处理结案后，应专题报告农业部。

本章思考题

1.《中华人民共和国渔业船员管理办法》中规定渔业船员最低配员标准是什么?

2.《中华人民共和国渔业船舶检验条例》包括哪些内容?

3. 船舶进行油类作业，必须遵守哪些规定?

4. 如何对机损事故进行分类?

第五章　渔船安全操作及应急处理

第一节　船舶搁浅和碰撞后的应急安全措施

一、船舶搁浅的应急安全措施

船舶搁浅指的是船舶进入浅水域航行时,船体底部落在水底的情况。当船体底部部分落在水底时称为部分搁浅;当船体底部全部落在水底时称为全部搁浅。

根据搁浅的程度,对船舶及其相关设备可能造成的损坏包括:

(1)海水系统吸进泥沙或堵塞。

(2)船舶底部破损使相应舱室进水。

(3)船体变形使运转设备的对中性改变。

船舶发生搁浅或擦底时,轮机部应采取下列应急处理措施:

(1)轮机长应迅速进入机舱,命令值班轮机员迅速进行相应的操作,使机舱的相应设备处于备车状态。

(2)根据主机的负荷情况,适时地降低主机转速。及时与驾驶台联系,询问情况,以便及时地采取相应的降速措施。

(3)使用机动操纵转速操纵主机。搁浅后,无论驾驶台采取冲滩或退滩措施,机舱所给车速都应使用机动操纵转速或系泊试验转速,防止主机超负荷。

(4)换用高位海底阀门。搁浅时值班轮机员应立即将低位海底阀门换为高位海底阀门,防止吸进泥沙,堵塞海水滤器。

(一)主机运转时的检查内容及处理措施

1. 推进装置及其附属系统

(1)持续检查主海水系统的工作情况,如果发现海水压力较低,立即换用另一舷的高位海底阀,同时尽快清洗海水滤器,清除积存的泥沙,确保主机及发电柴油机的正常运转。

(2)连续检查滑油循环柜的液位,注意主机的滑油压力和主机滑油冷却器的滑油进出口温度。

(3)检查曲轴箱的温度。

(4)检查中间轴承和艉轴的温度。

(5)倾听齿轮箱(如果适用)的声音是否正常。

(6)检查舵机工作电流及转动声音是否正常。

2. 其他设备及系统

(1)搁浅时双层底舱柜可能变形破裂,要注意检查和测量各舱柜的液位变化,注意海面有无油花漂浮等,并做好机舱排水准备工作。

(2)停止非必须运行的海水冷却系统的工作,避免由于船舶搁浅而吸入泥沙造成海水冷却系统堵塞。

(二)停止主机运转后的检查

搁浅可能引起船体变形,造成柴油机轴系中心线的弯曲,影响柴油机运转,所以船舶搁浅后必须检查轴系的情况。判断轴系状态可用下列方法:

1. 盘车检查

停车后为判断轴系是否正常,艉部搁浅时可用盘车机盘车检查,检查轴系运转是否受阻。

2. 柴油机曲轴臂距差的测量

搁浅后应尽快创造条件测量曲轴臂距差,通过曲轴臂距差来判断曲轴中心线的变化和船体的变形,决定脱险后主机正常运行或减速运行。

3. 舵系的检查

搁浅时舵系有可能被擦伤或碰坏,因此搁浅后必须对舵系进行仔细检查。

(1)进行操舵试验,检查转舵是否受阻。

(2)检查舵机负荷是否增加,如电机电流和舵机油压是否正常。

(3)检查转舵时间是否符合要求。

(4)检查舵柱有无移位,转舵时舵柱是否振动。

二、船舶碰撞后的应急安全措施

由于某种原因,船舶与船舶或船舶与海上固定物或漂浮物之间发生受力接触,可导致船体破损而进水,引起船身倾斜,甚至沉船等后果。

根据船舶碰撞的程度,对船体及其相关设备可能造成的损失包括:

(1)船体破损而进水,船身倾斜,甚至沉船。

(2)如果碰撞发生在船体燃油舱部位,会造成燃油的泄漏,给海洋造成污染。

(3)有时会伴有火情产生,危及船舶及人员生命安全。

因此当发生船舶碰撞事故时应采取相应的应急安全措施。

应急措施:

(1)轮机长迅速进入机舱。

(2)如为航行状态,当值人员做好备车工作,使主机处于随时可操纵状态。

(3)如为锚泊状态,或加开一台发电机。

(4)监督值班人员按照船长命令操纵主机,做好轮机日志的记录。

(5)其他人员到指定地点(航行中到机舱)集中听候分配。

碰撞部位在机舱内的进一步安全措施:

若碰撞发生在机舱内的部位,且有进水现象,则应按机舱进水应急操作程序处理。

1. 机舱进水时的应急排水措施

(1)一旦发现机舱进水,值班轮机人员应立即发出警报并报告轮机长,同时应迅速采取紧急措施,不得擅离机舱。

(2)轮机长接到报告后,立即进入机舱现场检查并按应急部署组织抢救。

(3)尽力保持船舶电站正常供电。

(4)根据进水情况使用舱底水系统或应急排水系统,机舱大量进水时应做好应急吸入阀及其海水泵系的应急操作。

(5)根据进水部位、进水速率判断排水措施的有效性,进一步采取相应措施。

2. 机舱进水时的应急堵漏措施

(1)执行机舱进水时的应急堵漏措施,同时船长和轮机长应立即组织人员摸清破损部位,进水流量,拟定有效的堵漏措施。如是小破口漏水,可先打进适当的木栓或楔子,再用布或堵漏用的专用工具进行堵漏作业。如果碰撞造成大破口进水并有可能发生沉船危险,则必须向全船发出紧急警报,尤其是夜间必须采取一切措施通报就寝者。如果一个船舱漏水无法堵漏时,应采取与相邻舱室密封隔离措施。

(2)风浪天应关好水密门、窗及通风口。

(3)艉轴管及密封装置破损,应酌情关闭轴隧水密门。

(4)如海底阀及阀箱、出海阀或应急吸入阀等破损,则应关闭相应的阀,并选用有效的堵漏器材封堵。

碰撞部位在机舱外进一步的安全措施:

(1)视情切断碰撞部位的油、水、电源,关闭有关油水柜的进出口阀,尽量减轻油水污染并为抢救工作创造一个安全的现场。

(2)如有火情、进水现象,人员应按应急部署表的规定迅速进入各自应变岗位。

(3)反复测量受损舱的液位高度。

(4)除轮机值班人员外一律参加抢救工作。

第二节　船舶在恶劣海况下轮机部安全管理事项

恶劣海况是指下列情况:

(1)海面受台风的袭击或影响及季节风的影响,大风浪天气。

(2)海面上雾大,能见度不良。

一、在大风浪中航行时轮机部安全管理事项

1. 轮机长

(1)应经常到机舱督促轮机部值班人员的工作,防止主机、副机和舵机发生故障。

(2)在安全范围内,主机转速应尽可能配合驾驶台的需求。

(3)根据海上风浪、船体摇摆情况以及主机飞车和负荷变化情况,应适当降低主机负荷。

2. 机舱值班人员

(1)值班轮机员不得远离操纵台,应注意主机转速变化,防止主机飞车,认真执行驾驶台和轮机长的命令。

(2)做好行车、工具、备件和可移动物料、油桶等绑扎工作,关闭机舱管辖范围内的门窗和通风道。

(3)尽量将分散在各燃油柜里的燃油驳到几个或少数燃油柜中,以减少自由液面,并保持左右舷存油平均,防止船体倾斜。

(4)燃油的日用油柜和沉淀柜要及时放水,并保持较高的油位和适当的油温。

(5)注意主、副机燃油系统的压力,缩短清洗燃油滤器的时间,以免燃油滤器被堵而影响供油。

(6)主机滑油循环油柜的油量应保持正常,不可过少,特别是船舶摇晃,出现低油位报警时,应及时补油。

(7)必要时增开一台发电机。

二、船舶在大风浪中锚泊时轮机部安全管理事项

(1)按船舶航行要求保持有效的轮机值班。

(2)影响备车和航行的各项维修检查工作必须立即完成,并使之保持良好的工作状态。

(3)仔细检查所有运转和备用的机器设备。

(4)按驾驶台命令使主、副机保持备用状态。

(5)所有应急设备、安全设备和消防系统均处于备用状态。

(6)注意做好大风浪中航行的各项准备工作。

三、防台时轮机部安全管理事项

在台风季节,轮机部应在船长的指挥领导下,落实防台具体措施,做好各自的本职工作。

(1)尽早对防台设备和器材进行一次全面的检查,使锚机,绞缆机,主、副机和舵机等设备处于良好的工作状态。

(2)在台风季节,船上应备有比正常情况下多 5 天的备用燃油,并备足淡水。

(3)可移动的工具、备件、物料、油桶等均应绑妥。

(4)各燃油柜里的燃油尽量驳到几个或少数燃油柜中,以减少自由液面,并注意左右舷平衡。

(5)关闭机舱管辖范围内的门窗和通风通道等,保持水密。

(6)在海上作业中遇台风时,值班轮机员应在操纵台随时操纵主机,认真执行驾驶台的车钟命令。所有应急设备、安全设备和消防系统均处于备用状态。

(7)轮机长应在机舱亲自指挥,保持主机、副机和舵机等设备正常运转,在安全范围内,主机转速应尽一切可能配合驾驶台的需求。

(8)检查驾驶台与机舱及艏、艉通信联系设备,确保通信畅通。

(9)如船舶在港口停泊防台风时,应按照港口所在地政府对防台风的要求,做好船员撤离或保持2/3的船员留船值班工作。

四、在能见度不良航行时轮机部安全管理事项

(1)轮机部加强值班,保持主机、副机和舵机及空压机等设备处于正常的工作状态。

(2)保证气笛的工作空气正常使用。

(3)保持船内通信畅通。

(4)随时听从驾驶台的命令。

(5)必要时增开一台发电机。

第三节　全船失电时的应急措施

船舶电站突然中断对船舶主要设备及系统的电力供应,导致其无法正常运行的故障情况,称为全船失电。

根据船舶类型、主机及其系统的特点,全船失电可导致故障包括:

(1)主机停车。

(2)舵机失灵。

(3)助航设备失灵。

一、全船失电的主要原因

发电机跳闸造成全船失电的原因十分复杂,常见的原因有:

(1)电站本身故障,如空气开关故障、变压器故障等。

(2)大电流、超负荷,如大功率电气设备起动或电气短路。

(3)发电机及其原动机本身的故障。

(4)操作失误。

二、全船失电时的应急措施

1.船舶在正常作业或航行中全船失电时的应急措施

(1)立即通知驾驶台,通知轮机长下机舱。

(2)起动备用或应急发电机(如有),并以最短时间恢复供电。

(3)恢复保证正常作业或航行必需的各主要设备供电。

(4)重新起动主机,恢复主机正常运转。

(5)如情况特殊,例如船舶避碰急需用主机,只要主机有可能短期运转则应执行驾驶台的命令。

(6)待发电机恢复正常供电后,再起动各辅助设备,保持船舶正常作业或航行。

2. 船舶在狭水道或进出港航行中全船失电时的应急措施

(1)立即通知驾驶台。

(2)起动备用或应急发电机(如有),合上电闸并以最短时间恢复供电。

(3)尽最大可能保证主机正常运转。

(4)值班轮机员应在操纵台随时操纵主机,并随时与驾驶台取得联系。

(5)如情况紧急,船长必须用主机,可按车令强制起动主机而不考虑主机后果。

三、防止船舶失电时的安全措施

(1)做好配电板、控制箱等的维护保养工作。

(2)做好各电机及其拖动设备的维护保养工作,及时修理与更换有关部件。

(3)做好发电机及原动机的维护保养工作。

(4)在狭水道或进出港航行中,增开一台发电机并联运行以保证安全,同时尽量避免配电板操作,尽量避免同时使用几台大功率设备。

第四节 航行中舵机失灵的应急措施

船舶在航行过程中,舵机无舵效或虽然有舵效但不能达到设计舵效要求时的舵机故障称为舵机失灵。

根据舵机失灵的程度,其对船舶的操纵可能产生以下影响:

(1)船舶无法完成规定的转向动作。

(2)船舶的转向速度无法满足要求。

船舶在海上或港内航行中,舵机失灵将导致船舶失控,此时驾驶台与轮机部应密切配合,采取正确有效的应急措施以免造成其他重大事故。

一、航行中舵机失灵的主要原因

(1)船舶失电导致舵机无法正常工作。

(2)舵机液压系统故障导致舵机无法正常工作。

(3)舵机机械传动系统故障导致舵机无法正常工作。

二、航行中舵机失灵时应采取的应急措施

1. 一般应急措施

(1)航行中发现舵机失灵，驾驶台应先转换为辅助操舵系统，并通知船长和机舱值班轮机员。

(2)机舱值班轮机员应立即起动辅助或应急操舵装置，同时通知轮机长。

(3)轮机长迅速到舵机舱，组织机舱人员进行相应的操作和抢修。

(4)船长到驾驶台，按舵机的损坏情况指挥船舶的应急操纵。

2. 舵机因控制系统故障而失灵时应采取的应急措施

舵机的控制系统故障是指驾驶台不能有效地通过主、辅操舵装置操纵舵机的紧急状态。此时应采取如下应急措施：

(1)在舵机的应急操纵过程中，值班轮机员不得远离操纵台，按车令操纵主机，执行船长和轮机长的命令。

(2)船长应安排一名驾驶员和船员到舵机舱，负责接听驾驶台的舵令，配合轮机员操纵舵机。

(3)机舱人员应加强轮机值班，尽全力抢修驾驶室主、辅操舵装置，使其尽快恢复功能。

(4)就近驶向有能力修复主、辅操舵装置的有关港口进行修复。

(5)轮机长做详细的事故报告：发生事故的时间、海况、地点、原因和采取的措施。

3. 当舵机因电源故障而失灵时应采取的应急措施

(1)船长应上驾驶台亲自指挥，并召集甲板部人员采取紧急措施。

①若船舶在海上作业或航行，则：

a. 值班驾驶员应按《国际信号规则》和《国际海上避碰规则》规定显示号灯、号型。

b. 加强瞭望。

c. 可利用主机操纵船舶，若水深合适，应随时准备抛锚。

②若船舶正在进出港口或狭水道航行，则：

a. 立即备锚、尽快选择合适地点抛锚。

b. 按《国际信号规则》和《国际海上避碰规则》规定显示号灯、号型。

c. 加强瞭望。

d. 必要时请求拖船协助拖航。

(2)如轮机部自行抢修困难或无效时，轮机长应立即报告船长，说明舵机失灵原因，已经进行的抢修措施，需提供的支援和进一步采取的措施。

第五节　弃船时轮机部的应急安全措施

当发生重大机损、海损事故，抢救失败，经确认不弃船就无法保证船上人命安全时，船长应

果断下令弃船。当船长下达弃船命令后，除途中固定值班人员外，全体船员应立即穿着救生衣，按应变部署表的分工完成各自的弃船准备工作。

一、弃船时轮机部人员的职责

1. 轮机长职责

（1）在机舱进行指挥、督促、指导和检查轮机部全体人员对应变部署表各自职责的执行情况，对突发的事件给予指导和做出决定。

（2）负责与船长保持联系，及时掌握船舶的具体情况，确保轮机人员安全撤离。

（3）负责携带轮机部的相关文件最后撤离机舱。

2. 管轮职责

（1）停主机及相关辅助设备，同时切断电源。

（2）关闭海底阀。

（3）关闭机舱水密门。

3. 助理管轮职责

（1）停锅炉并放气（如有），切断电源。

（2）关闭机舱各污油、污水柜进出口阀门及测量孔等。

二、弃船时轮机部人员的应急措施

（1）轮机长应立即下机舱，现场督促、指导机舱人员的各项操作。

（2）机舱固定值班人员在听到警报信号后仍应坚守岗位按命令完成各项操作。

（3）各轮机员按应变部署表的要求进行弃船的各项操作。

（4）如果接到两次完车信号或船长利用其他方法的通知后，应立刻告诉轮机部全部人员撤离机舱，并待全部人员离开机舱后，轮机长才能携带轮机日志等相关重要文件，最后撤离机舱并立即登艇（筏）。

第六节　轮机部安全操作注意事项

一、上高作业时的安全注意事项

（1）按规定离基准面 2 m 以上为高空作业。上高作业用具如系索、脚手架、座板、保险带、移动式扶梯等，在使用前必须严格检查，确认其状态良好。

（2）上高作业人员应穿好防滑软底鞋、系好保险带并系挂在固定地方。

（3）上高作业时，上高作业所有的工具和物件应放在工具袋或桶内或用软细绳索缚住，以防落下伤人或摔坏。其他人员应尽量避免在上高作业区域下方停留作业。

(4)上高作业易发生坠落或重物落下砸人等伤亡事故。在强风或风浪较大时，除非特殊需要，禁止上高作业。

二、吊运作业时的安全注意事项

(1)严禁超负荷使用起吊设备。在吊运袋或物件前，应认真检查起吊设备，尤其是吊索、吊钩等的完好性，确认其牢固可靠，方可吊运。

(2)起吊时，应先用低速将吊索绷紧，然后摇晃绳索并注意观察，确认牢固、均衡且起吊物松动后，再慢慢起吊。

(3)在吊运中，禁止任何人在其下方通过；也不得在起吊部件下方进行作业；如确实需要，应采取各种有效的防范措施。

(4)严禁用起重设备运送人员。

三、检修作业时的安全注意事项

(1)检修主机时，必须在主机操纵处悬挂“禁止动车”的警告牌；检修中如需转车，应特别注意检查各有关部位是否有人作业或影响转车的物品和构件。一切警告牌均由检修负责人挂、卸，其他任何人不得乱动。

(2)检修副机和各种辅助机械及其附属设备时，应在各相应的操纵处或电源控制箱悬挂“禁止使用”或“禁止合闸”的警告牌。

(3)检修发电机或电动机时，应在配电板或分电箱的相应部位悬挂“禁止合闸”的警告牌。如有可能，还应取出控制箱内的保险丝。

(4)检修管路及阀门时，应事先按需要将有关阀门置于正确状态，并在这些阀门处悬挂“禁动”的警告牌，必要时用铁丝将阀扎住。

(5)检修空气瓶、压力柜及有压力的管路时，应先泄放压力，禁止在有压力时作业。

(6)拆装带热部件时，要穿好长袖衣服、长裤并戴帽及手套。

(7)拆装冷冻液管时，一般要先抽空。拆装时必须戴手套、防护镜。

(8)柴油机在运转中如发现喷油器故障需立即更换时，应先停车，打开示功阀，泄放气缸内压力，禁止在柴油机运转中或气缸内尚有残存压力时拆卸喷油器。

(9)检修电路或电气设备时，严禁带电作业；确需带电作业时，必须使用绝缘良好的工具，禁止单人作业；看守人员应密切注意工作人员的操作情况，随时准备实施切断电源等安全措施。

(10)一切电气设备，除主管人员和电机员外，任何人不得自行拆修。禁止使用超过额定电流的保险丝。

四、压力容器使用安全注意事项

(1)氧气、乙炔和氟利昂钢瓶是高压容器，而乙炔是易燃易爆的危险性气体，故在装卸或搬运时不准抛扔，避免碰撞。取下钢瓶钢帽时不准敲击。

(2)在使用压力钢瓶时应按规定放置使用。钢瓶应存放在阴凉处，禁止暴晒或靠近热源，并用卡箍或绳子紧固。

(3)钢瓶内气体绝不能全部用光,剩余压力应保持不小于100 kPa。用完后的空瓶应做好明显标记。

(4)钢瓶在开阀前仔细检查,特别要注意阀门是否是反螺牙,开阀时缓慢开大。

(5)钢瓶如因严寒结冻,不得用明火烘烤,但可用热水适当加温。一般瓶体温度不得超过40 ℃。

(6)当发现下列情况时,压力容器应立即停止使用:

①容器超温、超压、过冷、严重泄漏,经处理无效时。

②主要受压元件发生裂缝、变形、泄漏,危及安全时。

③安全阀失效、接管端断裂,难以保证安全时。

④发生火灾、爆炸或相邻管道发生事故危及容器安全时,应迅速搬移他处。

五、渔船机舱消防安全注意事项

1. 渔船经常发生的火灾爆炸事故

(1)机械设备管理操作不当引起的火灾爆炸事故:

①柴油机曲轴箱爆炸。

②空压机曲轴箱爆炸。

③燃油管破裂、油柜冒油使燃油喷到柴油机排气管上引起火灾。

④柴油机增压器维修操作不当引起火灾。

(2)电气设备管理操作不当引起的火灾爆炸事故:

①导线超负荷或老化引起的火灾。

②绝缘不良引起的火灾。

③电气设备故障,因电流的热作用而产生火花。

(3)对易燃物质管理不严引起火灾:

①地板上、舱底、机器周围漏油过多。

②浸过油的破布、棉纱、木屑等因空气不流通而导致温度过高,引起火灾。

(4)明火及明火作业引起火灾:

①吸烟,使用火柴、打火机。

②焊接作业。

③厨房中使用的炉灶。

(5)油舱柜的爆炸与火灾:

①透气管处遇明火引起火灾与爆炸。

②油舱柜清洗产生静电引起火灾与爆炸。

③油舱柜附近有明火和明火作业引起爆炸。

2. 船员日常防火防爆守则

(1)吸烟时,烟头必须熄灭后投入烟缸,不能乱丢或向舷处乱扔,也不准扔在垃圾箱内。禁止在机舱、物料间、储藏室内吸烟。加装燃油时禁止在甲板上吸烟。

(2)规定必须集中保管的易燃易爆物品不准私自存放,禁止任意烧纸或燃放烟花爆竹,严禁玩弄救生信号弹。

(3)离开房间时应随手关闭电灯和电扇;风雨或风浪天气应将舷窗关闭严密;航行中不得锁门睡觉。

(4)禁止私自使用移动式明火电炉。使用电炉、电烙铁等电热器具或工具时必须有人看管,离开时必须拔掉插头或切断电源。

(5)不准擅自接拆电气线路或拉线装灯(插座);不准用纸或布遮盖电灯;不准在电热器具上烘烤衣服、鞋袜等。

(6)废弃的棉纱、破布应在指定的金属容器内,不得乱丢乱放。被油污染的棉、毛织品应及时处理,不能堆放在闷热的地方,以防自燃。

(7)进行明火作业前,经船长同意后须查清周围及上下邻近舱室有无易燃物,特别要查明焊接处是否通向油舱或冷藏舱内泡沫。当气焊作业时要严防"回火",避免事故,并须派人备妥消防器材且在旁边监护。

(8)严格遵守与防火、防爆有关的操作规程和有关规定。当发现任何不安全因素时,每个船员均有责任及时报告船上领导,对违章行为,人人有责任及时制止。

3. 防火防爆的预防措施

(1)定期检验机械的安全设备。

如锅炉、空压机、柴油机气缸盖上的安全阀,由船检定期检验铅封。

(2)保持电路绝缘良好。

(3)对油舱柜加强管理测爆合格后,才准予明火作业。

(4)机舱保持清洁,严禁在机舱内吸烟。

(5)自动探火及报警系统应保持正常工作。

(6)加强船员防火、防爆的安全教育和消防训练。

4. 机舱火灾应急操作规程

(1)发现机舱火情,当值人员应迅速发出火警并及时灭火,控制火势蔓延。

(2)轮机部全体人员立即进入应急部署岗位,服从统一指挥。

(3)轮机长迅速到达现场,做出正确判断,进行现场指挥灭火。

(4)必要时:

①切断火场电源或停止发电机运转,起动应急消防泵灭火。

②通知船长减速、改变航向或主机停车。

③停止机舱通风机、燃油泵,关闭油柜速闭阀、机舱天窗和风道挡板。

④抢救人员三人一组,穿好消防衣,戴好呼吸器,做好支援、通信、联络工作。

⑤如果机舱必须施放 CO_2 灭火,应按有关规定与船长商定后执行。在机舱施放 CO_2 灭火前必须封闭机舱,按响警报通知人员撤离现场,确认全部撤离后才能施放。

⑥火灾扑灭后,要查找隐火,防止死灰复燃;救护伤员,机舱通风,清理现场,检查机电设备状况,排除舱底水。

⑦查明火灾成因,起火、灭火准确时间,灭火过程,善后处理,火灾损失情况,需要修理项目,并记入轮机日志。将有关情况报告公司,为海损处理做好必要的准备。

六、船上封闭场所作业的安全注意事项

任何封闭场所内的气体都有可能缺氧(或含有易燃、有毒气体或氟利昂气体),所以在进入船上封闭场所时按步骤严格遵守以下安全技术要求。

1. 危险评估

首先对将要进入的封闭场所的潜在危险作出评估,利用测氧、测爆等仪器(如有)进行检测,确认存在缺氧、易燃、有毒气体、氟利昂气体的可能性。

2. 通风换气

可以采取自然通风的形式(如舱内油漆作业时必须采取机械通风),人员进入前,应尽可能长时间开启门(窗),确认无危险时方可进入。

3. 进入封闭处所期间的安全防护及应急措施

(1)进入封闭处所作业时,必须安排照应人员。作业人员与照应人员应事先明确联络信号,照应人员始终不得离开工作点。

(2)作业人员应系配救助安全绳(带)。

(3)作业人员当发现舱内有异常情况或危险可能性(如头晕、窒息)时,必须立即停止作业,迅速撤离现场,在安全处清点人数。

(4)万一出现紧急情况,在救助人员未到达或尚未明确情况之前,照应人员无论如何都不得进入处所内。应积极采取有效措施营救遇险人员,对已患缺氧症的作业人员应立即在空气流动处进行现场抢救(人工心肺复苏)。

七、燃油加装作业的安全注意事项

1. 加油申请

船长会同轮机长根据航次任务,计算本航次燃油消耗量、备用油量和油舱、油柜内的存油量,按规定的燃油规格,拟定加油计划。

2. 加油准备工作及加油过程中的注意事项

(1)轮机长根据加油计划,通知船副加油的油舱及各油舱的加油量,以保证船舶的平衡。

(2)管轮负责安排好加油中的使用工具、警告牌、清洁油污材料(木屑、棉纱)、试水膏及其他用品。

(3)助理管轮根据加油计划进行必要的并舱,避免混油。油气扩散到的区域悬挂“禁止吸烟”警告牌并备妥消防器材,严禁明火作业。

(4)加油前堵塞甲板疏水孔,防止溢油、跑油。

(5)加油开始前,供油方提供油品质量报告。

(6)检查本船各有关阀门开关是否正确,各项工作准备妥善后,即可通知供油方开始供油。

(7)在加油过程中,要注意加油速度不要太快,防止溢油、跑油;当受油舱的油达到本舱容量的70%左右,应打开下一个受油舱的加油阀,换装油舱。

(8)在整个加油过程中,要由专人照看,不得离人。

第七节　应急设备的使用与管理

机舱应急设备的种类按功能不同可分为:

(1)应急动力设备,如应急电源、应急空气压缩机和应急操舵装置等。

(2)应急消防设备,如应急消防泵、燃油速闭阀、通风管防火板和机舱天窗应急关闭装置。

(3)应急救生设备,如救生艇发动机和脱险通道(逃生孔)等。

(4)其他应急设备,如应急舱底水吸口及吸水阀、水密门等。

一、应急动力设备的使用与管理

1. 应急电源

(1)应急电源的要求

①渔船应按船检规范要求设独立的应急电源。

②应急电源应布置于经主管机关认可的最高一层连续甲板以上和机舱棚以外的处所。

③应急电源可以是发电机,由 1 台独立装置的柴油机驱动。

④应急电源可以是蓄电池组。当主电源装置失效时,蓄电池组自动连接至应急配电板。

⑤应急电源的功率应满足主管机关对不同等级船舶的规定。

(2)应急电源的使用管理

①应急发电机:在船舶布置上位于救生艇甲板层,为船舶照明、应急空压机、消防泵、舵机、助航设备提供电源。应急发电机应按规定作定期检查、维护和试验;检查其柴油储存量、冷却水箱与曲轴箱液位是否正常;检查柴油机起动系统是否正常;冬季或寒冷区域应做好防冻保温工作。

②应急蓄电池组:在船舶布置上一般位于救生艇甲板层。应按规定做定期检查、维护和试验;主要检查其电解液的比重,及时补充蒸馏水,定期进行充放电;蓄电池组室禁止烟火,并保持良好通风。

2. 应急空气压缩机

(1)应急空气压缩机的要求

①应急空气压缩机应采用手动起动的柴油机或其他有效的装置驱动,以保证对空气瓶的初始充气。

②应急空气压缩机是船舶从“瘫船状态”恢复运转的原始动力。

(2)应急空气压缩机的使用管理

要按其结构的具体情况,定期检查和加注润滑油,进行起动和效用试验,确保其技术状况达到随时可用状态。

3. 应急操舵装置

(1)应急操舵装置的要求

①每艘渔船应配备主操舵装置和辅操舵装置,并且两者之一发生故障时不会导致另一装置不能工作。

②辅操舵装置应能于紧急时迅速投入工作,并能在船舶最深航海吃水和最大营运航速的一半或 7 kn(取大者)前进时,在 60 s 内将舵自一舷 15°转至另一舷 15°。

③对于辅助操舵装置,其操作在舵机室进行,如系动力操纵也应能在驾驶台进行,并应独立于主操舵装置的控制系统。

④驾驶台与舵机室之间应有通信设施。

(2)应急操舵装置的使用管理

定期检查和进行效用试验,确保其随时处于可用状态。

二、应急消防设备的使用管理

1. 应急消防泵

(1)应急消防泵的要求

①渔船应按渔业主管机关的要求配备应急消防泵(可携式、固定式),固定式应急消防泵应设置在机舱以外,其原动机为柴油机或电动机。电动机应急消防泵须由主配电板和应急配电板供电。

②应急消防泵的排量应不小于所要求的消防泵总排量的 40%,且任何情况下不得小于 25 m^3/h。

③作为驱动应急消防泵的柴油机,在温度降至 0 ℃时的冷态下应能用人工手摇随时起动。

(2)应急舱底水吸口和吸水阀的要求

机舱应设一个应急舱底水吸口。应急吸口应与排量最大的 1 台海水泵连接,如主海水泵、压载泵、通用泵等。应急吸口与排水泵的连接管路上装设截止止回阀。

2. 应急消防泵的使用管理

(1)应急消防泵应作起动和泵水试验,检查排水压力,试车后关闭海底阀和进口阀,放空消防管中的残水。

(2)应定期清洁机舱应急舱底水吸口,防止污物堵塞;截止止回阀应定期加油活络,防止锈死。

三、应急救生设备的使用管理

1. 救生艇发动机

(1)救生艇发动机的要求

①救生艇发动机应为压燃式。

②发动机应设有手动起动系统或设有两个独立的可再次充电的电源起动系统。

③发动机起动系统和辅助起动设施应在环境温度为-15 ℃情况下,起动操作程序开始后 2 min 内起动发动机。

④使用的燃油闪点不得低于 43 ℃。

(2)救生艇发动机的使用管理

①每月定期检查发动机和离合器,进行起动试验。冬季要做好防冻工作。

②定期检查燃油储量及发动机滑油液位。

③定期更换发动机滑油。

2. 脱险通道

(1)脱险通道的要求

从机舱处所的下部至该处所外面的一个安全地点,应能提供连续的防火遮蔽。

(2)脱险通道的使用管理

对脱险通道(逃生孔)应保持通道清洁无障碍,照明良好,逃生孔的上下门应经常加油活络,上下扶梯安全可靠,不可封闭。

四、其他应急设备的使用管理

1. 水密门的要求

(1)水密门应为滑动门或用铰链门或其他等效形式的门。任何水密门操作装置均须于船舶倾斜 15°时能将水密门关闭。

(2)机舱与轴隧间舱壁上应设有滑动式水密门,水密门的关闭装置应能就地两面操纵。

2. 水密门的使用管理

水密门、应急舱底水吸口及吸水阀等应急设备应按规定定期检查、活络、加注滑油。

第八节　船舶应变部署

一、船舶应变部署表的有关内容

每艘渔业船舶都应按主管机关规定,根据本船设备和人员情况,编制应变部署表与应变须知。

1. 应变部署的种类

船舶应急又称船舶应变,是指船舶发生意外事故和紧急情况时的紧急处置方法和措施。船舶应急分为:消防、救生(包括弃船求生和人落水救助)、堵漏和综合应变。

2. 应变部署表的主要内容

(1)船舶及船公司名称、船长署名及公布日期。

(2)紧急报警信号的应变种类及信号特征、信号发送方式和持续时间。

(3)职务与编号、姓名、艇号、筏号的对照一览表。

(4)航行、作业中驾驶台、机舱人员及其任务。

(5)消防应变、弃船求生、放救生艇筏的详细分工内容和执行人编号。

(6)每项应变具体指挥人员的接替人员。

(7)有关救生、消防设备的位置。

3. 应变信号

各类应变的报警信号为：

(1)消防：警铃和气笛短声，连放 1 min。

(2)堵漏：警铃和气笛二长一短声，连放 1 min。

(3)人落水：警铃和气笛三长声，连放 1 min。

(4)弃船：警铃和气笛七短一长声，连放 1 min。

(5)综合应变：警铃和气笛一长声，持续 30 s。

(6)解除警报：警铃和气笛一长声，持续 6 s 或口头宣布。

4. 应变部署职责

(1)人员职责

①船长是应变总指挥，有权采取一切措施进行抢险处置，并可请求有关方面给予援助。

②船副是应变现场指挥(除机舱抢险外)，是总指挥的接替人，并负责救生、消防、堵漏等单项应变的组织部署。

③轮机长是机舱现场指挥，并负责保障船舶动力。

④驾驶员(船副、助理船副)任各救生艇(筏)长。

⑤轮机员(管轮、助理管轮)任机动艇操纵员。

⑥放艇时，先进入艇内的两人应是技术熟练的捕捞员。

(2)消防应变部署分消防、隔离和救护三队

①助理船副任消防队队长，直接负责现场灭火。

②隔离队由渔捞长任队长，任务是根据火情关闭门窗、舱口、孔道，截断局部电源，搬开近火易燃物品，阻止火势蔓延。

③救护队由船上医生(如有)或船长指定人员任队长，任务是维持现场秩序，传令通信和救护伤员。

(3)堵漏应变部署分堵漏、排水、隔离和救护四队

①堵漏队由渔捞长任队长，助理管轮任副队长，直接担任堵漏和抢修任务。

②排水队由轮机长任队长，领导机舱值班人员进行排水。

③隔离队由助理船副任队长，负责关闭水密门、隔舱阀和测量水位等。

④救护队由船上医生(如有)或船长指定人员任队长。

5. 应变部署表编制要求

(1)应变部署表应写明通用报警信号，并应规定发出警报时船员必须采取的行动。应变部署表应写明弃船命令将如何发出。

(2)应变部署表应写明分派给各种船员的任务。

(3)应变部署表应指明各高级船员负责保证维护救生设备和消防设备，使其处于完好和立即可用状态。

(4)应变部署表应指明关键人员受伤后的替换者，要考虑到不同应变情况下要求不同行动。

(5)应变部署表应在出航前制订。

6. 应变部署表的编制原则

(1)符合本船的船舶条件、船员条件以及航区自然条件。

(2)关键部位、关键动作选派得力船员。

(3)根据本船情况,可以一职多人或一人多职。

(4)人员的编排应最有利于应变任务的完成。

7. 应变部署表的编制职责与公布要求

应变部署表由船副具体负责。助理船副根据船副的部署意图,于船舶出航前编排应变部署表,经船副审核、船长批准签署后公布实施。应变部署表应张贴或用镜框配挂在驾驶台、机舱、餐厅和生活区走廊的主要部位;在其附近,应有本船消防器材示意图。为使应变中各级负责人熟悉所领导的人员及其分工,应将部署表中各编队(组)分别抄录发给各编队(组)长。

二、船舶应变须知和操作须知的有关内容

1. 应变须知

每位船员应有一份应变时的须知,在床头都有一张应变任务卡。应变任务卡有本人在船员序列中的编号、救生艇(筏)号,各种应变信号及本人在各种应变部署中的任务。

2. 操作须知

在救生艇(筏)及其操纵器的上面或附近,应设置明显的告示或标志,说明其用途和操作程序。

3. 演习

(1)每位船员每月应至少参加一次弃船演习和消防演习。

(2)堵漏演习每3个月举行一次。

三、渔船消防演习与应急反应的有关规定

1. 消防演习规定

(1)演习应尽可能按实际应变情况进行。

(2)每位船员每月应至少参加一次弃船演习和消防演习。

(3)每次消防演习计划应根据船舶类型及实际可能发生的各种应急情况制订。

(4)每次消防演习应包括:

①在集合地点报到,并准备执行应变部署表规定的任务。

②起动消防泵,要求至少2支所要求的水枪。

③检查消防员装备及其他个人救助设备。

④检查有关通信设备。

⑤检查演习区域的水密门、防火门和通风系统的主要进口和出口的操作。

⑥演习中使用过的设备应立即放回,保持其完整的操作状态。

2. 消防演习的组织

(1)消防演习应按应变部署表中的消防部署进行。船副任消防演习的现场指挥,负责指

挥消防、隔离和救护队。

（2）演习要求。消防演习时，全体船员必须严肃对待演习，听到警报后，应按应变部署表中的规定，在 2 min 内携带指定器具到达指定地点，听从指挥，认真操演。机舱应在 5 min 内开泵供水。

（3）演习评估。消防演习后，由现场指挥进行讲评，并检查和处理现场，还要对器材进行检查和清理，使其恢复至完整可用的状态。

（4）演习记录。演习结束后，应将每次演习的起止时间、地点、演习内容和情况，如实记入航海日志。

3. 火灾应急反应及人员安全

（1）船员发现火灾应立即发出消防警报，就近使用灭火器材进行灭火。

（2）全体船员听到警报后，应立即就位并按应变部署表的分工进行灭火。

（3）灭火人员应在船副（机舱为轮机长）指挥下，迅速查明火源、特征、火烧面积、火势蔓延方向等，并报告船长。

（4）如有人在火场受威胁，应立即采取抢救措施，如确定火场无人应立即关闭通风口和其他开口，切断电源，然后控制火势。

（5）在航行或捕捞作业时，应注意操纵船舶使火区处于下风方向，并按规定显示号灯、号型。

（6）船长应根据具体情况决定灭火方案，并对是否可能引起爆炸做出判断；消防人员应根据“应变部署表”的分工和船长的指示全力扑救。

（7）如采用封闭窒息方法灭火，必须经过相当长的时间，并组织足够的消防力量做好扑灭复燃的准备，才能逐步打开封闭设施，再视情况缓慢予以通风。

（8）如火灾引起爆炸，经抢救确实无效时，船长应宣布弃船。

四、渔船救生与应急反应的有关规定

1. 渔船救生

渔船救生包括弃船求生和人落水救助两种应变。

（1）每次弃船救生演习应包括：

①利用通信工具通知弃船演习，将船员召集到集合地点。

②船员在集合地点报到并准备执行应变部署表规定的任务。

③查看船员救生衣穿着是否正确。

④完成救生筏任何必要的降落准备工作。船员应按“应变任务卡”上的筏号做好登筏准备。

⑤船上如配备救生艇的渔船，应降下一艘救生艇，并起动救生艇发动机。

⑥介绍无线电救生设备的使用。

（2）每艘救生艇一般应每 3 个月在弃船演习时乘载被指派的操作船员降落水 1 次，并在海上进行操纵。

（3）每次弃船演习时应试验供集合和弃船所用的应急照明系统。

2. 弃船求生演习的组织

(1)集合地点

弃船求生或其演习的集合地点应紧靠登乘地点。

(2)演习组织

①听到弃船警报信号后,全体船员在 2 min 内穿好救生衣并到达集合地点。

②艇(筏)长检查人数,检查各船员是否携带规定的物品,检查每位船员穿着救生衣并检查救生衣是否合适,然后向船长汇报。

③船长宣布演习及操练内容。

④由 2 名船员在 2 min 内完成救生筏降落的准备工作,操作降落救生筏所用的吊筏架。

⑤如配备救生艇的渔船,在 5 min 内完成登乘和降落的准备工作,并降下一艘救生艇,起动救生艇发动机。

⑥介绍无线电救生设备的使用

⑦试验供集合和弃船所用的应急照明系统。

⑧演习结束,船长发出解除警报信号,收回救生艇(筏),清理好索具,由艇(筏)长进行讲评后解散并向船长汇报。

(3)演习记录。

弃船求生演习的起止时间、演习操练的细节由船副和管轮分别记录于航海日志和轮机日志。

3. 弃船求生应急反应及人员安全

(1)当确认不弃船就无法保证船上人命安全时,船长应果断下令弃船,并按规定发出船舶遇难求救信号。

(2)船长下达弃船命令后,除“固定值班人员”外,全体船员应立即穿好救生衣,按应变部署表的分工完成各自的弃船准备工作。

(3)机舱固定值班人员在听到弃船警报信号后应仍坚守岗位按令操作;在得到完车通知后,在轮机长的领导下,抓紧做好关机、停电等弃船安全防护工作;立即携带规定物品撤离机舱登艇(筏)。

(4)船长应督促检查下列工作(国旗和航海日志应亲自携带):

①降下国旗并携旗下艇。

②关停发电机和机舱内正在运转中的其他一切设备。

③关闭海底阀及各储油舱(柜)阀门。

④是否已发出遇险求救信号并已投放(卫星)应急无线电示位标。

⑤检查艇(筏)长的放艇(筏)工作。

(5)船长检查按应急计划规定须携带的物品,如国旗、航海日志、雷达应答器以及足够的食品、淡水、毛毯等物品。

(6)在登艇(筏)前,船长应布置如下事项:本船遇难地点;发出遇难求救信号是否回答;可能遇救的地点和时间;驶往最近陆地或交通线的方向、距离;各艇(筏)间的通信约定及其他有关指示。

(7)按船长命令放下救生艇(筏),有序地登艇(筏)。

(8)最后,船长在确信全船无任何人员后方可离船登艇(筏)。

第九节　船内通信系统

一、船内电话通信系统

在船员的工作和生活中,也经常需要相互沟通联络,这就要求船舶内部要有一整套完善的、便利的通信系统来满足船员的需求。船舶内部通信泛指在船舶内部进行的各种必要信息的传递,其涉及面很广。就目前而言,其大体上包括:船用程控电话系统、船用声力电话系统、船用指挥电话系统、船令广播系统、通用报警系统、应急传令钟系统、船用子母钟系统、监测报警装置和电视监控系统,等等。就安放位置和通信方式来讲,至少应确保驾驶台和机器控制室之间、驾驶台和舵机舱内操舵装置控制位置之间、驾驶台和无线电室通信畅通。在此只简要介绍船用程控电话系统、船用声力电话系统、船用指挥电话系统。

1. 船用程控电话系统

(1)船用程控电话系统的功能

首先,电话交换机有四种基本呼叫任务,根据进出交换机的呼叫流向及发起呼叫的起源,可以将呼叫分为:本局呼叫、出局呼叫、入局呼叫和转移呼叫。目前来看,船舶交换机主要完成本局呼叫。而所谓程控电话也称自动电话,是指通过程控电话交换机交换信息的电话系统。程控电话交换机也称为程控数字交换机或数字程控交换机,是利用预先编好的计算机程序来控制电话接续的交换机。使用时,用户端电话的摘机、挂机状态由本地交换机自动检测。用户摘机时,本地交换机立即给用户的话机回送拨号音,并接收用户话机产生的脉冲信号或双音多频拨号信号,随之完成从主叫到被叫号码的接续并保持连接。在交换机检测到通信的双方中有一方挂机时,立即中断接续。与机电式交换机电话系统相比,程控电话系统具有接续速度快、业务功能多、交换效率高、声音清晰、质量可靠等优点。

(2)船用程控电话系统的构成

船用程控电话系统以程控交换机为核心,可分为话路系统和控制系统两大部分,如图5-1所示。

①话路系统

话路系统包括所有的提供电话接续任务的终端和交换设备,其核心部分是“交换网络”。它还包括各种需要通过交换网络进行交换连接的终端,如用户电路、中继设备、信号设备等。

根据船舶的需要,船用程控电话系统容量可以从几门到几十甚至上百门。通常总机安装于总机室或通道内,电话分机分别安装于各工作舱室和生活舱室,同时为保证船长、轮机长等拥有通话优先权,通常将这些处所的电话设置为特殊用户。

由于安装场所的不同,电话分机也有多个不同种类。一般分为嵌入式、壁挂式、防爆式、防风防雨式和抗噪声式几种。其中,嵌入式电话和壁挂式电话用于普通场所;防爆式电话用于含有爆炸性气体的环境;防风防雨式电话带有保护箱,主要用于船首和船尾等露天开放场所;而

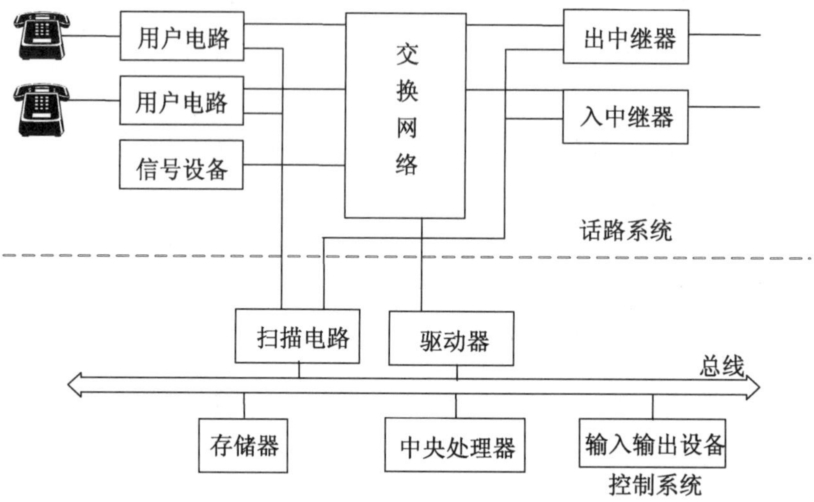

图 5-1　一般程控交换机框图

抗噪声式电话备有头戴式抗噪声送受话器，主要用于机舱等高噪声的场所。另外，为避免在高噪声场所听不到电话的铃声，有的系统还配有闪光提示器，意在通过视觉来提醒话机附近的人员。

②控制系统

控制系统在需要的时候接通话路，提供语音信号传送的通路。

③电源

按船舶用电特点，船用程控电话交换机的电源大都采用两种不同的供电方式，即主用交流 220 V/110 V，当交流掉电时，自动换至备用直流 24 V 电源，保证通信不间断。

(3)船用程控电话交换机的构成

如图 5-1 所示，船用程控电话交换机控制部分包括中央处理器、存储器和输入、输出设备。话路部分由交换网络、出(入)中继器、用户电路等组成。交换网络可以是接线器，也可以是电子形状矩阵，即电子接线器。交换网络可以是模拟空分的，也可以是数字时分的，并由 CPU 发送控制命令驱动。

用户电路是每个用户单独使用的设备，包括用户状态的监视和与用户有关的功能。图 5-1 所示的话路部分包括交换网络、中继器、用户电路以及信号设备，且都受控制部分的中央处理器控制。总之，程控交换机实质上是数字电子计算机控制的电话交换机。

2. 船用声力电话系统

声力电话系统是船舶必备的内部通信系统，如图 5-2 所示。

所谓声力电话是指完全不依赖外部或内部电源，在完全无电的状态下凭借人们讲话的声音，使送话器的振膜随声音而振动，从而改变磁路中气隙的大小，由此引起磁路中磁通量的变化，进而在送话器线圈中产生感应电流，这个感应电流经线路传输到收话方受话器的线圈中，再次引起其磁通量的变化，最终使受话器的膜振动，并相应地发出声音。从能量转化角度看，从发话端到受话端发生了声能—机械能—磁能—电能—磁能—机械能—声能的转化过程。声力电话的优点是，当船舶失去电源时仍然可以内部通话。

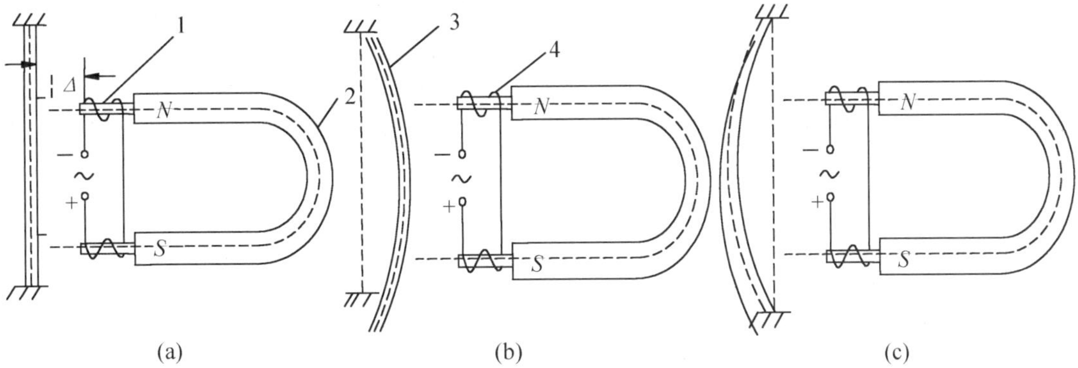

图 5-2　声力电话送受话器原理图

1—极靴；2—磁石；3—导磁的震动膜片；4—绕组

在实际应用中，声力电话机分为直通型和选通型两种。选通型声力电话机系统由多部话机构成，可进行多路通话。直通型声力电话机的通话音量比一般声力电话大一倍。直通型声力电话机有三个部分组成：

(1)通话设备：其作用是实现声、电信号的相互转换，设备构成包括送话器、受话器、混合线圈、消侧音装置等。

(2)信号设备：其作用是发送和接收呼叫信号，设备构成包括手摇发电机、拨号装置、电铃、氖灯等。

(3)转换和附属设备：其作用是实现信号电路与通话电路的转换，设备构成包括叉簧开关、按键和用以改善通话条件所用的电阻器、电容器等。

由上述两种类型的声力电话机可组成直通—直通型声力电话系统，即由 2 部声力电话对接成直通方式工作；也可组成选通—选通型或选通—直通型声力电话系统，即由多部选通型和直通型电话相连接，该系统可多话路工作。在目前的船用声力电话系统中，上述三种类型均有使用。

目前，船用声力电话系统多采用增音技术，因此也称船用增音声力电话系统。这种电话系统已非真正意义上的声力电话系统，在其话机中装有内置电池。平时系统处在增音通话状态，需要外接 DC24 V 供电，但在外接电源断电的情况下，能自动转换为声力通话，此时由机内电池来供电。使用时用呼叫键和声光振铃器来进行联络。只有当进行纯粹意义的声力通话时，才通过传统的手摇发电机来产生振铃所需要的能量。

船用声力电话系统是一种三线制通信设备。在船舶上一些比较重要的场所，如主机旁、舵机舱、驾控台、集控台、电梯、船首尾部等，按规定除配备有程控电话外，还要求配置声力电话，以保证通信的可靠性。

总体而言，目前船用声力电话系统大致涉及的设备有：汇接箱、防爆安全栅、继电器盒、声光振铃器和各种声力电话机。按安装方式，声力电话机可分为壁挂式、嵌入式和台式；按功能的不同，又可分为增音式、防风雨式、抗噪声式和防爆式。

3. 船用指挥电话系统

按照声力电话系统的不同使用功能，人们有时可将其称作对讲电话系统或指挥电话系统。船用指挥电话系统专用于驾驶台与船内其他重要场所之间进行指挥通话，它包括总机和若干单机。总机安装在驾驶台内，单机容量一般有4门、8门和12门三种，分别安装在各种重要场所。

船用指挥电话系统具有声力电话直通的特点，可实现总机与单机之间、单机与单机之间以及总机同时和所有单机通话的特点。总机和单机都有双向放大功能，通话声音清楚响亮，系统还附带闪光器，能适应机舱等噪声较大的环境。

二、船令广播系统

在《国际救生规则》中，IMO的强制要求船舶必须安装通用报警和船令广播设备。船令广播系统的主要用途是通过扬声器装置向船员或乘客工作、休息或经常活动的所有场所发布有关信息，以便使全体在船人员在特殊情况下，服从船舶的整体安排或向船上某处集结。船令广播系统一般允许从广播站直接广播，也可由安装在驾驶台、船首、船尾或主管机关认为必要的船上某处的遥控站进行遥控广播。遥控站比广播站有优先权。进行设备安装时，还应充分考虑到声音的限界条件并无须收听者进行任何个人操作。另外，该系统应有严格的使用规定，未经授权严禁擅自使用。

三、船内通信系统的试验和保养

船内通信装置均应进行效用试验和保养：

（1）对程控电话，检查在通话时是否有串号或串线的现象；检查程控电话系统优先功能、电话转移功能和电话扩展功能；定期对交换机进行除尘处理。

（2）对声力电话，定期对每一个位置的电话进行通话试验；检查电话回铃和增音情况；检查增音电源失电时自动转为声力电话的情况。

（3）对广播系统进行效用试验，其收音、传输信号应良好，没有外部干扰；检查扬声器的工作情况，每个扬声器均应能调节音量和切断收音，一般位置均能听到广播的声音；按扩大机的功能检查其强制功能和扩展功能。

（4）定期检查、保养开放处所，如甲板、船尾等处所话机的防水状况，防止个别话机渗水而威胁整个系统。

（5）定期检查、保养特殊处所防爆电话状况，必要时更换话机。

本章思考题

1. 船舶发生搁浅或擦底时，轮机部应采取哪些应急处理措施？
2. 什么情况属于恶劣海况？
3. 船舶失电的主要原因是什么？
4. 航行中舵机失灵时应采取哪些应急措施？

第六章　渔船轮机人员的岗位职责和有关制度

第一节　渔船轮机人员的职责

我国渔船轮机部规则在各公司不尽相同，总体上可分为远洋和沿海两类，主要区别在于一些设备的配置和主管的分工有所不同。

一、渔船轮机部人员的共同职责

(1)渔船是个整体，全体渔船轮机人员的共同职责是保证船舶航行安全和作业安全。

(2)轮机人员应有严格的组织性、纪律性、全局观，树立"安全第一""预防为主"的思想。

(3)必须对自己的工作岗位负责，在船长的领导下努力完成各自的任务。

(4)努力学习专业技术，不断提高技术水平和各种应急处置能力；掌握消防、求生、急救、救生艇(筏)操纵技术。

(5)在航行或捕捞作业值班中，必须集中精力，坚守自己的工作岗位，严格遵守操作规程，服从指挥，确保安全。

(6)必须熟悉和掌握自己所管的仪器、设备、设施，做好日常维护保养工作，确保其处于良好工作状态。

(7)本船遇险时，必须及时组织抢救。在船长的统一指挥下，同心协力，全力以赴，为排除险情而努力。

二、渔船轮机长职责

(1)轮机长是全船机电设备(不包括通信、导航设备)的技术总负责人。负责全船机械、电气设备的管理、维修和保养工作。做到勤检查、勤保养、勤维修，负责处理机器的故障，保持各设备处于良好工作状态，并加强轮机与驾驶部门的联系与协作。

(2)制订本船机电设备的操作规程、保养检修计划、值班制度，贯彻执行各项规章制度，确保安全生产。

(3)负责组织轮机员(包括电机员)制订修船计划、编制修理单，组织领导修船，进行修船工作验收。

(4)负责燃润料、物件、备件的申领，造册保管和合理使用，节约能源，降低成本。

(5)负责保管轮机设备的证书、图纸资料、技术文件,及时报告船长申请检验。

(6)经常检查机电设备的运行情况,调整异常的运行参数,检查和签署轮机日志等。

(7)培训和考核轮机人员;检查并培训轮机部人员,使他们熟练掌握机舱应急消防设备的使用。

(8)进出港或复杂水道航行时,应亲自下机舱。

(9)在发生紧急或海损事故时,应亲临机舱指挥,按照船长命令组织抢救工作。当接到弃船命令时,携带轮机日志及其重要物品,最后离开机舱。

三、管轮职责

(1)管轮是轮机长的主要助手,在轮机长的领导下工作,轮机长不在时代理轮机长的职责。管轮负责机电设备的管理、操作、维修和保养工作。参加机舱值班,并督促轮机部人员严格遵守工作制度、操作规程和劳动纪律,确保安全生产。

(2)负责加油和机舱配件、物品的申领、验收和保管工作;维持机舱秩序,对机舱、工作间及机电设备的整洁进行监督和检查。

(3)负责保持轮机部有关安全的设备,如应急舱底阀、机舱水密门、安全阀、机舱消防设备、船上起重设备、警告牌、重要的防护装置处于可靠使用状态,定期进行检查、试验,并负责指导有关人员熟悉正确的管理和使用方法。

在船舶发生紧急或海损事故时,按照“应变部署表”规定的职务,协助轮机长指挥轮机部人员做好应急抢救工作。

(4)负责管理副机及舵机、制冷装置、空压机等部分船舶辅助机械设备;负责编制本人主管的机械设备的修理单,提交轮机长审核;审核其他轮机人员修理单。

(5)负责管理电气系统的正常工作(包括甲板照明),负责充电和维护蓄电池的正常工作。

(6)负责保管本人使用的技术文件、仪器、工具等。

(7)渔捞作业时,协助甲板人员进行起放网等工作。

四、助理管轮职责

(1)在轮机长和管轮的领导下进行工作,负责管理甲板机械及泵浦(站)、救生艇发动机、应急消防泵等部分辅机,以及轮机长指定的其他辅机和设备。贯彻执行操作规程和各项规章制度。

(2)负责编制本人主管的机械设备的修理单,提交管轮审核。

(3)负责加装燃油(驳油),进行燃油的测量、统计和记录工作。

(4)负责保管本人使用的技术文件、仪器、工具等。

(5)参加机舱轮流值班。

(6)渔捞作业时,协助甲板人员进行起放网及处理渔获工作。

五、电机员职责

(1)在轮机长直接领导下进行工作,负责船舶电气设备的管理、保养和检修工作。保持电气设备处于良好工作状态。

(2)负责保管、保养发动机、电动机、应急安全设备线路、避雷装置、电操舵装置、照明设备、电气仪表、电导航及其他电气设备。定期测量绝缘电阻,保证电气设备及线路处于良好工作状态。

(3)制订电气设备的检修计划,提交轮机长批准后执行。记载并保管电气测量、修理记录簿。

(4)出航前,做好出航准备工作,特别注意舵机、航行灯和航行有关的电气设备的可靠性。

(5)负责电气备件、材料、物料及专用工具的申领、验收、统计和保管工作。

(6)保管电气设备的技术文件、图纸、测量仪器和工具。

第二节　渔船轮机值班制度

一、航行值班

1. 轮机员航行值班职责

(1)值班轮机员应严格遵守各项安全操作规章,保证机电设备正常运转,完成机舱内的各项工作。

(2)根据驾驶台值班人员命令迅速准确地操纵主机,认真填写轮机日志。

(3)按照制造厂说明书的规定和要求,使机电设备保持在标定的工作参数范围内。

(4)维持各机电设备的清洁,按时巡回检查,察看机电设备的运转情况。

(5)如主机故障必须立即停车检修,应先征得驾驶台值班人员同意并迅速报告轮机长,如情况危急,将造成严重机损或人身伤亡时,可立即停车,同时报告驾驶台值班人员和轮机长。

(6)在恶劣天气中航行,为防止主机飞车和超负荷而需要降低主机转速时应通知驾驶台值班人员。

(7)根据设备运转需要,随时进行驳油、充气等工作,保持日用油柜、水柜有足够数量的储备。

(8)注意做好防火检查,随时清除油污,正确处理油污破布、棉纱头等。

(9)船舶发生紧急事故时,按应变部署表分工积极参加抢险工作。

(10)认真执行船长和轮机长指派的其他工作。

2. 交接班制度

(1)交班人员于交班前 30 min 通知值班人员,并做好交班准备。

(2)接班人员提前 15 min 进入机舱巡回检查,如发现问题向交班轮机员提出,双方如有争议向轮机长报告。

(3)交班人员应向接班人员分别介绍:

①运转中的机电设备的工作情况。

②曾经发生的问题处理结果。

③需要继续完成的工作。

④驾驶台值班人员和轮机长的通知。

⑤提醒下一班注意的事项。

(4)交接班必须在现场进行,交班人员必须得到接班人员同意后才能下班。

二、停(锚)泊值班

轮机员停(锚)泊值班职责:

(1)值班人员应严格遵守有关安全生产的规定。

(2)保证机电设备正常运转。

(3)及时供给日常工作及生活所需的水、电、气。

(4)严格遵守防污染规定,防止污油、污水排出舷外。

(5)若临时进厂修理,应认真检查和落实各项安全措施,以防发生意外事故。

(6)发生火警和意外危险时,如轮机长不在,应在船舶领导统一指挥下,组织轮机部全体人员进行抢救。

(7)如船舶在锚泊时,轮机员应保持有效值班,根据驾驶台值班人员的命令使主、辅机保持准备状态,做好随时移泊的准备工作。

第三节　渔船船员调动交接制度

一、一般规定

船员因故调离船舶或原船变动职务并有人接任时,均应按规定进行交接工作。

(1)交班船员应按规定做好交班准备工作,抓紧完成(阶段)工作,集中并整理好各种应交物品,以便随时进行交接。

(2)接班船员到船后,应立即向直接领导人报到并抓紧接班。

(3)交接时交方应耐心细致,不含糊接班。

(4)交接船员中凡涉及事故处理,各种海、机损报告以及保险索赔等手续的当事人和有关负责人均应亲自办理完毕。

(5)交接完毕应共同向直接领导人汇报交接情况,经其认可或监交签署后,交接方告完毕。在此之前,工作由交班船员负责,之后由接班船员负责。

二、交接

调离交接工作由实物交接、情况介绍和现场交接三部分进行。

1. 实物交接

个人保管的工具、仪表、图书资料、文件、公用衣物、住室门和柜的钥匙,均应按配备清单逐项清点交接。实物交接时应介绍情况。

2. 情况介绍

(1)本部门总的技术状况和存在的主要问题。

(2)涉及本部门和本职务的各项规章制度。

(3)本岗位在本船的具体分工、职责及有关规定。

(4)本职务在应变部署表中的岗位和职责。

3. 现场交接

双方共同到设备现场和工作场所,由交方详细介绍。

(1)所管理的设备及其附属设备、装置、仪(表)器和工具。

(2)有关管系、(电)线路的各种阀门和开关等。

(3)各种安全应急设备(或装置)的位置及操作方法。

(4)油、水柜的分布。

(5)结合实物交接弄清各种属件、备件、工具、物料的存放位置、储存情况等。

(6)其他需要说明或强调的问题。

第四节　驾驶轮机联系制度

一、开航前

(1)船长应提前 24 h 将预计开航时间通知轮机长;轮机长向船长报告主要机电设备情况、燃油存量;如开航时间变更,须及时通知更正。

(2)开航前 1 h,值班驾驶员应会同值班轮机员核对船钟、车钟和试舵等,并分别记入航海日志、轮机日志及车钟记录簿内。

(3)主机试车前,值班轮机员应征得值班驾驶员同意。待主机备妥后通知驾驶台值班人员。

二、航行(作业)中

(1)船舶进出港口,通过狭水道、浅滩、危险水域或锚泊等情况时,驾驶台值班人员应提前通知机舱准备。

(2)如因机械故障不能执行航行命令时,轮机长应组织抢修并通知驾驶台值班人员。停车应先征得船长同意,若情况紧急,将造成严重机损或人身伤亡时,可先立即停车并报告驾驶台值班人员。

(3)在应变情况下,值班轮机员应立即执行驾驶台值班人员发出的信号,及时提供所要求的水、气、电等。

(4)轮机部如调换发电机、并车或暂时停电,应事先通知驾驶台值班人员。

(5)船长和轮机长共同商定的主机各种车速,除非另有指示,值班驾驶员和值班轮机员都应严格执行。

(6)轮机长应及时将本船存油情况通知船长。

三、停(锚)泊时

(1)抵港或(锚)泊后,船长应告知轮机长本船的预计动态,若有变化应及时联系;机舱若需检修影响动车设备,轮机长应事先将工作内容和所需时间报告船长,取得船长同意后方可进行。

(2)对船舶压载的调整,以及可能涉及海洋污染的任何操作,驾驶和轮机部门应建立有效的联系制度。

(3)值班驾驶员应将装卸鱼货情况随时通知值班轮机员,以保证安全供电。

(4)每次加装燃油前,轮机长应将本船的存油情况和计划加装的油舱以及各舱加装数量告知船副,以确保船舶的平衡及稳性。

第五节　轮机日志的记载规定

船舶必须持有规定格式的轮机日志。轮机日志是反映船舶机电设备运行和轮机管理工作的原始记录,是船舶法定文件之一,必须妥善保管。轮机日志的记载必须真实,不得弄虚作假、隐瞒重要事实、故意涂改内容。渔监部门是实施监督管理的主管机关。

一、记载规定

(1)轮机日志应依时间顺序逐页连续记载。

(2)轮机日志应使用不褪色的蓝色或黑色墨水填写。填写时数字和文字要准确,字体端正清楚。如果有记错,应当将错字句标以括号并划一横线(被删字句仍应清晰可见),然后在括号后方或上方重写,并签字。计量单位,一律采用国家法定单位。

(3)轮机日志由值班轮机员填写,至少每 2 小时记载一次。

(4)轮机长全面负责监督审查轮机日志的记载内容及其保管。轮机长必须每日定时认真查阅轮机日志的记载情况,对各栏目内的内容进行审核,确认无误后签字。轮机长离任时,应由离任轮机长和接任轮机长在轮机日志上签字。

(5)记录数据的精度应按该仪表的精度等级记载。

二、记载内容

(1)主机起动、停止的时间,正常运行的各种参数。

(2)柴油发电机组及其他重要辅助机械设备的起动、停止的时间和各种参数。

(3)船长、轮机长的命令,值班驾驶员的通知。

(4)船舶离靠码头、进出港口、航行于危险航区的时间、地点。
(5)驳油、驳水情况,燃油舱转换及轻重燃油转换的时间。
(6)机电设备发生故障及恢复正常的时间。
(7)其他需要记载的事项。
大事记栏由轮机长或管轮负责填写,应当记载下列内容:
(1)船舶的重要活动(如船舶检验、进厂修理、试航、各种应变演习等)。
(2)每日的检修工作。
(3)机电设备发生故障的原因及其处理经过。
(4)燃油、滑油加装的时间、地点、品种及数量。
(5)船舶应急设备的检查、试验情况。
(6)船舶重要设备的更换或检修及明火作业情况。
(7)船舶发生海损、机损事故的时间、地点、主要经过及其处理情况。
(8)轮机部人员的重大人事变动。
(9)其他需要记载的重大事项。

本章思考题

1. 轮机部人员的共同职责是什么?
2. 简述轮机员航行值班职责。
3. 简述开航前驾驶、轮机如何进行联系?
4. 轮机日志主要记载哪些内容?

第七章　常用量具和常用单位及单位换算

第一节　常用量具

一、塞尺

塞尺又称厚薄规,它是用来测量间隙大小的一种简易量具。根据实际需要,可以选择不同的规格。

1. 使用方法

在使用塞尺时,应根据零部件间的间隙大小,选用适当的塞片塞入,不能太松或硬塞,要调整到恰好为止。一般以来回抽动塞片感觉稍阻力但能轻松拔出为宜。

2. 应用场合

在渔业机械中,一些装配零部件的配合间隙,如柴油机的气阀间隙、柴油机主轴承间隙、柴油机活塞环搭口、天地间隙等的测量都需要用塞尺进行测量。

二、游标卡尺

游标卡尺是工业上常用的测量长度的仪器,可直接用来测量精度较高的工件,如工件的长度、内径、外径以及深度等。

1. 游标卡尺的种类

游标卡尺作为一种被广泛使用的高精度测量工具,它是由主尺和附在主尺上能滑动的游标两部分构成。一般按游标的刻度值来分,游标卡尺可分 0.1 mm、0.05 mm、0.02 mm 三种。

2. 游标卡尺的读数方法

以刻度值 0.02 mm 的精密游标卡尺为例,读数方法,可分三步:

(1)根据副尺零线以左的主尺上的最近刻度读出整毫米数。

(2)根据副尺零线以右与主尺上的刻度对准的刻线数乘上 0.02 读出小数。

(3)将上面整数和小数两部分加起来,即为总尺寸。

如图 7-1 所示,副尺零线所对主尺前面的刻度 64 mm,副尺零线后的第 9 条线与主尺的一

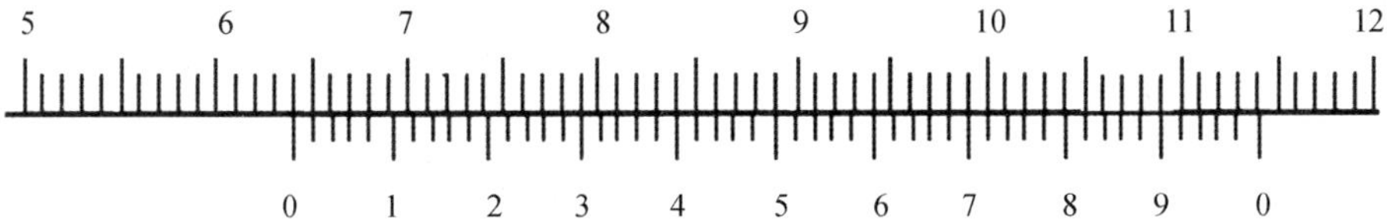

图 7-1　游标卡尺的读数方法

条刻线对齐。副尺零线后的第 9 条线表示：

$$0.02\times9=0.18\ \text{mm}$$

所以被测工件的尺寸为：64+0.18=64.18 mm

3. 游标卡尺的使用方法

将量爪并拢，查看游标和主尺身的零刻度线是否对齐。如果对齐就可以进行测量：如没有对齐则要记取零误差：游标的零刻度线在尺身零刻度线右侧的叫正零误差，在尺身零刻度线左侧的叫负零误差（这种规定方法与数轴的规定一致，原点以右为正，原点以左为负）。

测量时，右手拿住尺身，大拇指移动游标，左手拿待测外径（或内径）的物体，使待测物位于外测量爪之间，当与量爪紧紧相贴时，即可读数。

4. 游标卡尺的应用

游标卡尺作为一种常用量具可具体应用在以下四个方面：

（1）测量工件宽度。

（2）测量工件外径。

（3）测量工件内径。

（4）测量工件深度。

5. 使用注意事项

游标卡尺是比较精密的量具，使用时应注意如下事项：

（1）使用前，应先擦干净两卡脚测量面，合拢两卡脚，检查副尺零线与主尺零线是否对齐，若未对齐，应根据原始误差修正测量读数。

（2）测量工件时，卡脚测量面必须与工件的表面平行或垂直，不得歪斜且用力不能过大，以免卡脚变形或磨损，影响测量精度

（3）读数时，视线要垂直于尺面，否则测量值不准确。

（4）测量内径尺寸时，应轻轻摆动，以便找出最大值。

（5）游标卡尺用完后，仔细擦净，抹上防护油，平放在盒内，以防生锈或弯曲。

三、百分表

1. 百分表概述

百分表是一种精度较高的比较量具，它的刻度值为 0.01 mm。它只能测出相对数值，不能测出绝对值。百分表在船舶上主要用来测量机械零件的形状、位置变化或误差等机械测量，如气缸套的圆度和圆柱度、曲轴拐挡差及其他机械零件的平面度、平行度、直线度等，直接利用测量的数据进行计算并分析。

2. 百分表的结构

百分表的构造主要由 3 个部件组成:表体部分、传动系统、读数装置,如图 7-2 所示。

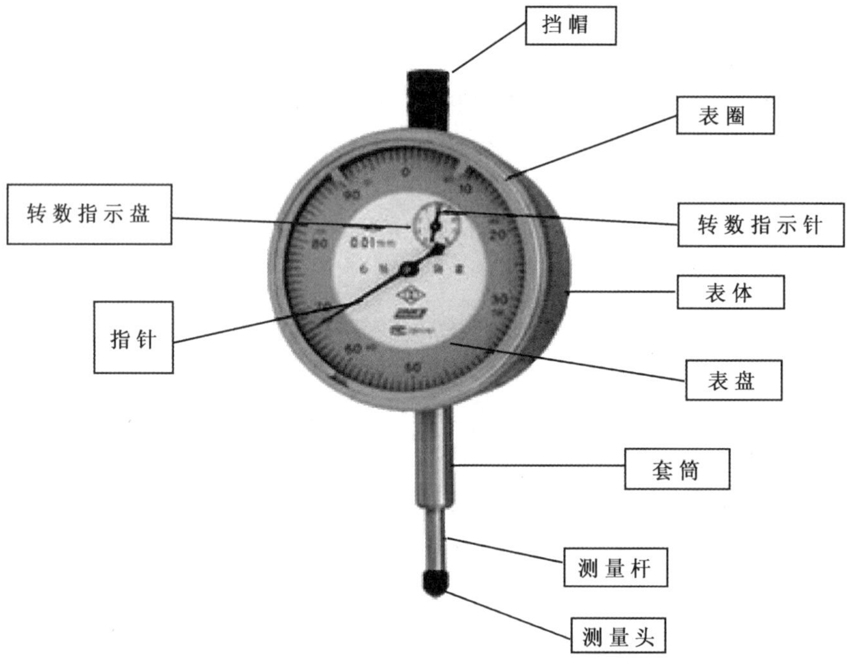

图 7-2　百分表外形示图

3. 百分表的读数方法

百分表的读数方法为:先读小指针转过的刻度线(即毫米整数),再读大指针转过的刻度线(即小数部分),并乘以 0.01,然后两者相加,即得到所测量的数值。

4. 使用百分表的注意事项

(1)使用前,应检查测量杆活动的灵活性。即轻轻推动测量杆时,测量杆在套筒内的移动要灵活,没有卡滞现象,每次手松开后,指针能回到原来的刻度位置。

(2)使用时,必须把百分表固定在可靠的夹持架上。切不可贪图省事,随便夹在不稳固的地方,否则容易造成测量结果不准确,或摔坏百分表。

(3)测量时,不要使测量杆的行程超过它的测量范围,不要使表头突然撞到工件上,也不要用百分表测量表面粗糙度或有显著凹凸不平的工作。

(4)测量平面时,百分表的测量杆要与平面垂直,测量圆柱形工件时,测量杆要与工件的中心线垂直;否则,将使测量杆活动不灵或测量结果不准确。

(5)为方便读数,在测量前一般都让大指针指到刻度盘的零位。

5. 百分表维护与保养

(1)远离液体,不使冷却液、水或油与内径表接触。

(2)在不使用时,要摘下百分表,使表解除其所有负荷,让测量杆处于自由状态。

(3)成套保存于盒内,避免丢失与混用。

四、外径千分尺

外径千分尺常简称为千分尺，它是比游标卡尺更精密的长度测量仪器，常见的一种如图7-3所示，它的量程是0~25 mm，分度值是0.01 mm。外径千分尺的结构由固定的尺架、测砧、测微螺杆、固定套管、微分筒、测力装置、锁紧装置等组成。固定套管上有一条水平线，这条线上、下各有一列间距为1 mm的刻度线，上面的刻度线恰好在下面两个相邻刻度线中间。微分筒上的刻度线是将圆周分为50等分的水平线，它是旋转运动的。

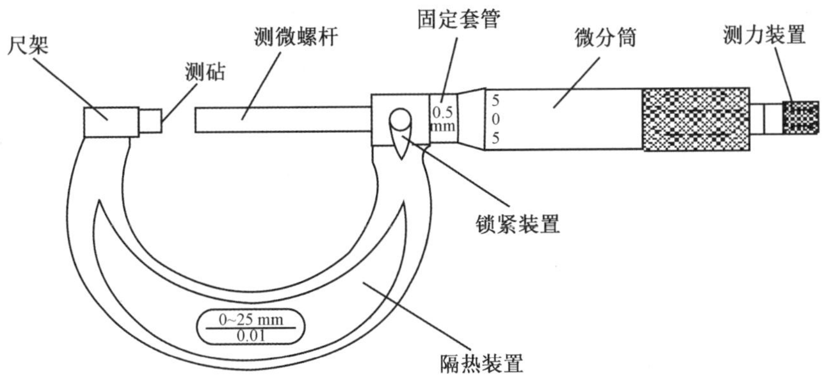

图7-3　外径千分尺

1. 使用方法

(1)清洁千分尺的尺身和测砧。

(2)然后将千分尺校对零线。

(3)将被测件放到两工作面之间，调微分筒，使工作面快接触到被测件后，调测力装置，直到听到"咔、咔、咔"时停止。

2. 读数方法

被测值的整数部分要在主刻度上读[以微分筒(辅刻度)端面所处在主刻度的上刻线位置来确定]，小数部分在微分筒和固定套管(主刻度)的下刻线上读。读数=固定刻度+半刻度+可动刻度(当下刻线出现时，数值=固定刻度+0.5+微分筒上读数，当下刻线未出现时，数值=固定刻度+微分筒上读数)。

如图7-4所示，读套筒上侧固定刻度为3，下侧在3之后，也就是说3+0.5=3.5，然后读套管刻度与25对齐，就是25×0.01=0.25，读数=3+0.5+0.25=3.75。

3. 使用注意事项

(1)使用时要先校对零线。如不能对准零线，应停止使用，报计量室调试校准。

(2)使用完毕，要擦净上油，放到盒内，注意不要锈蚀或弄脏。

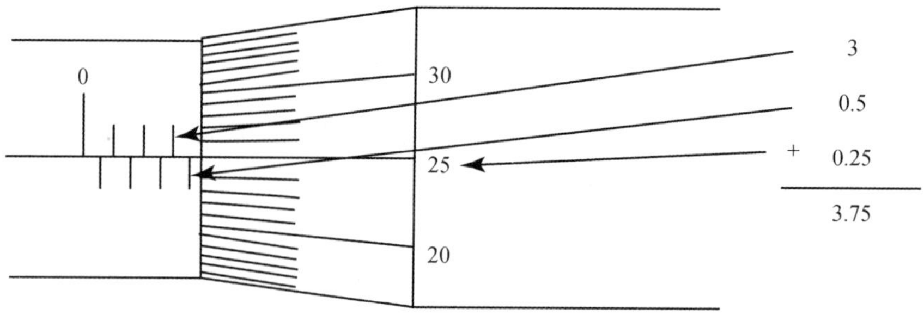

图 7-4　千分尺读数示例

第二节　常用单位及换算

一、常用单位

渔船上的常用计量单位可分为：国际单位制、工程单位制、英（美）单位制和惯用习惯单位制。

1. 国际单位制（SI 制）

我国《计量法》规定："国家采用国际单位制。国际单位制计量单位和国家选定的其他计量单位，为国家法定计量单位。"

国际单位制中，选用长度、质量和时间等七个基本量，其他单位为导出量（如表 7-1、表 7-2 所示）。

表 7-1　国际单位制的基本单位

长度	质量	时间	电流	物质的量	光强度	温度
米 (m)	千克 (kg)	秒 (s)	安培 (A)	摩尔 (mol)	坎德拉 (cd)	开尔文 (K)

表 7-2　国际单位制的常用导出单位

功率	能量	力	压强	速度	加速度
瓦 (W)	焦耳 (J)	牛顿 (N)	帕斯卡 (Pa)	米/秒 (m/s)	米/秒^2 (m/s^2)

2. 工程单位制

工程单位制又称重力制，它选用长度、力和时间作为基本量的单位制，其他单位为导出量（如表 7-3 所示）。

表 7-3　常用工程单位

长度	力	时间	速度	热量	压强	功	功率
米 (m)	千克力 (kgf)	秒 (s)	米/秒 (m/s)	卡 (cal)	千克力/米^2 (kgf/m^2)	千克力米 (kgf·m)	千克力米/秒 (kgf·m/s)

3. 英(美)单位制

英(美)单位制是磅和码作为基本单位的度量衡制度,如表 7-4 所示为常用的英(美)单位。

表 7-4　常用英(美)单位

长度	面积	质量	力	体积	功率	速度
英寸(in) 英尺(ft) 码(yd)	平方英寸 (in^2)	英磅 (lb)	磅力 (lbf)	英(美)加仑 (gal)	马力 (hp)	英尺/秒 (ft/s)

4. 惯用习惯单位制

在渔船的实际生产过程中,渔民中较多延用过去传统的习惯单位制作为交流和沟通的计量单位,比如:水有多深往往用“人(约 1.5 m)”来形容;渔获量多少往往用“担(约 100 斤)”作为计量单位,等等。

二、常用单位的换算

1. 长度单位及其单位换算

长度计量单位种类繁多,现我国采用国际单位制(SI 制),以“米”作为长度的基本单位,常用长度单位间的换算关系如表 7-5 所示。

表 7-5　常用长度单位的换算

单位	米	公里(千米)	海里	英尺	英寸
米	1	0.001	—	3.280 84	—
公里	1 000	1	—	—	—
海里	1 852	1.852	1	—	—
英寸	0.025 4	—	—	0.083 33	1
英尺	0.304 8	—	—	1	—

2. 面积单位及其单位换算

物质的表面或围成的平面图形的大小称为面积。在各种不同的常用单位中,面积单位间的换算关系如表 7-6 所示。

表 7-6 面积单位的换算

平方米 (m^2)	平方厘米 (cm^2)	平方英尺 (ft^2)
1	10 000	10.764

3. 体积(容积)单位及其单位换算

体积是指物质或物体所占空间的大小或占据特定容积的物质的量。船上一般通过舱室体积(容积)的大小来计算能储存多少燃(滑)油量或淡水量。体积(容积)的基本单位是立方米“m^3”。在各种不同的常用单位中,体积单位间的换算关系如表 7-7 所示。

表 7-7 体积单位的换算

立方米	升(立方分米)	英加仑	美加仑	立方英寸
1	1×10^3	220.09	264.20	1 023.8

4. 温度单位及其单位换算

温度是表征物体或空间冷热程度的物理量。温度只能通过物体或空间随温度变化的某些特征来间接测量,而用来或测量的数值的标尺叫温标。目前,国际上普遍使用的温标主要有华氏温标(℉)、摄氏温标(℃)和开氏温标(K)。换算关系如下:

开氏温度(K)= 摄氏温度+273.15

华氏温度= 9/5 摄氏温度+32

5. 重量单位及其单位换算

质量是表示物体含有的物质的多少的物理量。主要单位有:千克(kg)、克(g)、吨(t)、盎司等。而重量,又称重力,是由于地球的吸引而受到的力(万有引力)的度量,主要单位有:牛顿(N)、千克力(kgf)。因此,重量和质量是有本质的区别。但从历史上来看,衡量重量比衡量质量简单得多,实际上这两个概念并没有区别,人们日常生活中常使用千克作为重量和质量的单位的同义词。

质量的国际标准单位是“千克(kg)”,重量的国际标准单位是“牛顿(N)”。常用单位间的换算关系如表 7-8 所示。

表 7-8 重量单位的换算

牛顿(N)	千克力(kgf)	克力	吨力	英磅力
1	0.102	102	0.000 102	0.224 8

6. 压强单位及其单位换算

压力和压强是有着本质区别的两个物理量。压力是指垂直作用在物体表面上的力,单位为“牛顿(N)”;而压强是指物体单位面积上受到的压力,是压力和面积之商。标准单位是“帕斯卡(Pa)”,简称“帕(Pa)”。由于以帕(Pa)做计量单位数值太大,常用兆帕(MPa)来计量,如:1 公斤力/平方厘米(kgf/cm^2) = 0.098 兆帕(MPa)。

实际生产生活中,人们往往把压力和压强混为一谈,用压力来表示压强。我们使用的压力表上的读数其实都是表示压强。常用压强单位间的换算关系如表 7-9 所示。

表 7-9　常用压强单位间的换算

大气压(atm)	巴(bar)	公斤力/平方厘米 (kgf/cm^2)	帕斯卡 (Pa)	毫米汞柱 (mmHg)	米水柱 (mH_2O)
1	1.013	1.033	101 325	760	10.33

7. 功率单位及其单位换算

功率是指单位时间内所做的功。在国际单位制中，功率的单位是“瓦特(W)”,简称“瓦(W)”。除此之外,功率的单位常用千瓦(kW)、马力(hp)等。常用的功率单位换算关系如表 7-10 所示。

表 7-10　常用功率单位的换算

千瓦 (kW)	瓦 (W)	公制马力 (ps)	英制马力 (hp)	千克力米/秒 (kgf · m/s)
1	1 000	1.36	1.341	9.8

本章思考题

1. 游标卡尺如何使用？如何读数？
2. 百分表使用时注意什么？
3. 千分尺如何使用？如何读数？
4. 常用的压强单位有哪些？如何换算？

附录　轮机管理考试大纲

相关说明：

（一）表中“一级”“二级”“三级”分别对应主机总功率在“750 kW 以上”“250～750 kW”“50～250 kW”的渔业船舶；

（二）表中“○”对应“了解”层次，“◎”对应“熟悉”层次，“●”对应“掌握”层次。

考核知识点	适用对象					
	一级轮机长	二级轮机长	三级轮机长	一级管轮	二级管轮	助理管轮
一、渔船基础知识						
1. 渔船的发展与分类						
（1）渔船的发展概况				○	○	○
（2）渔船的分类				◎	◎	◎
2. 船体的结构与总体布置						
（1）船体结构				◎	◎	◎
（2）总体布置				○	○	○
3. 渔船适航性						
（1）适航性基础知识						
① 渔船主要尺度				○	○	○
② 排水量、载重量和吨位				○	○	○
③ 载重线、干舷和储备浮力				○	○	○
④ 吃水和水尺				○	○	○
（2）适航性基本概念（浮性、稳性、抗沉性、摇荡性、操纵性）				◎	◎	◎
（3）渔船密封与堵漏				●	●	●

（续表）

考核知识点	适用对象					
	一级轮机长	二级轮机长	三级轮机长	一级管轮	二级管轮	助理管轮
4. 渔船动力管系						
(1)燃油管系				●	●	●
(2)润滑油管系				●	●	●
(3)冷却水管系				●	●	●
(4)压缩空气管系				●	●	●
5. 渔船辅助管系						
(1)舱底水系统				●	●	●
(2)压载水管系				●	●	●
(3)消防系统				●	●	●
(4)日用水系统				◎	◎	◎
(5)通风系统				◎	◎	◎
二、柴油机的运行管理与应急处理						
1. 柴油机的运行管理						
(1)柴油机的备车、起动和机动操纵			●	●	●	●
(2)柴油机运转中的管理:检查项目和方法及调整措施			●	●	●	●
(3)柴油机的停车和完车			●	●	●	●
2. 柴油机运行的应急处理						
(1)封缸运行	●	●	●	◎	◎	○
(2)停增压器运转	●	●		◎	◎	○
(3)拉缸的应急处理	●	●	●	◎	◎	○
(4)敲缸的原因及处理	●	●	●	◎	◎	○
(5)曲轴箱爆炸的原因及处理	●	●	●	◎	◎	○
三、渔船维修管理						
1. 船机故障分析	◎	◎	◎	◎	◎	◎
2. 船机维修						
(1)船机拆卸原则、拆卸技术和拆卸中的检测				●	●	◎
(2)清洗的目的、方法及要求				●	●	●
(3)船机装配的要求、方法和装配时的注意事项	●	●	●	●	●	◎

（续表）

考核知识点	适用对象					
	一级轮机长	二级轮机长	三级轮机长	一级管轮	二级管轮	助理管轮
3. 备品、备件						
（1）备件的数量要求			●	●	●	◎
（2）轮机部备件管理			●	●	●	●
4. 修船管理						
（1）修船的种类和要求	●	●		◎	◎	○
（2）坞修工程						
① 轮机坞修的主要项目	●	●	●	●	●	◎
② 坞修的准备工作	●	●	●	●	●	◎
③ 坞修工程的验收	●	●	●	●	●	◎
（3）交船试验的项目、系泊试验及航行试验	●	●	●	◎	◎	◎
四、渔船安全管理						
1. 渔业管理法律法规相关内容						
（1）中华人民共和国渔业法	●	●	●	◎	◎	○
（2）中华人民共和国海上交通安全法	●	●	●	◎	◎	○
（3）中华人民共和国渔港水域交通安全管理条例	●	●	●	◎	◎	○
（4）中华人民共和国渔业船舶检验条例	●	●	●	◎	◎	○
（5）防治船舶污染海洋环境管理条例	●	●	●	◎	◎	○
（6）中华人民共和国渔业船员管理办法	●	●	●	●	●	●
（7）中华人民共和国船舶进出渔港签证办法	●	●	●	◎	◎	○
（8）渔业船舶事故报告和调查处理规定	●	●	●	◎	◎	◎
2. 油污水排放的规定、设备、操作规程及渔船防污染文书	●	●	●	◎	◎	○
3. 渔船轮机设备检验	◎	◎	◎	◎	◎	○
4. 机损事故的报告与处理	●	●	●	◎	◎	○
五、渔船安全操作及应急处理						
1. 渔船触损、碰撞后的应急安全措施	●	●	●	●	●	●
2. 恶劣海况条件下轮机部安全管理事项						
（1）风浪天航行、锚泊	●	●	●	●	●	◎
（2）冰区、能见度不良条件下的航行	●	●	●	●	●	◎

(续表)

考核知识点	适用对象					
	一级轮机长	二级轮机长	三级轮机长	一级管轮	二级管轮	助理管轮
3. 全船失电时的应急措施						
(1)全船失电的主要原因	●	●	●	●	●	◎
(2)全船失电时的应急措施	●	●	●	●	●	◎
(3)防止渔船失电的安全措施	●	●	●	●	●	●
4. 航行中舵机失灵时的应急措施						
(1)航行中舵机失灵的主要原因	●	●	●	◎	◎	○
(2)航行中舵机失灵时应采取的应急措施	●	●	●	◎	◎	○
5. 弃船时的应急安全措施						
(1)弃船时轮机部人员的职责	●	●	●	◎	◎	◎
(2)弃船时轮机部的应急措施	●	●	●	●	●	●
6. 轮机部安全操作注意事项						
(1)上高作业	●	●	●	●	●	●
(2)吊运作业	●	●	●	●	●	●
(3)检修作业	●	●	●	●	●	●
(4)压力容器使用	●	●	●	●	●	●
(5)渔船机舱消防	●	●	●	●	●	●
(6)封闭场所作业	●	●	●	●	●	●
(7)燃油加装作业	●	●	●	●	●	●
7. 应急设备的使用和管理						
(1)应急动力设备				●	●	●
(2)应急消防设备			●	●	●	●
(3)应急救生设备				●	●	●
(4)其他应急设备			●	●	●	●
8. 应变部署的种类及演习的组织	●	●	●	◎	◎	○
9. 船内通信系统						
(1)船内通信工具和信号装置的组成和作用	◎	◎	◎	◎	◎	○
(2)使用船内通信系统的注意事项	◎	◎	◎	◎	◎	○
六、轮机人员职责和有关制度						
1. 轮机长的职责	●	●	●	◎	◎	○
2. 管轮的职责				●	●	◎

（续表）

考核知识点	适用对象					
	一级轮机长	二级轮机长	三级轮机长	一级管轮	二级管轮	助理管轮
3. 助理管轮的职责						●
4. 渔船轮机值班制度	●	●	●	●	●	●
5. 船员调动交接制度	●	●	●	◎	◎	◎
6. 驾驶轮机联系制度	●	●	●	●	●	●
7. 轮机日志的填写规定	●	●	●	●	●	●
七、单位及单位换算						
1. 国际制单位中的常用单位、法定计量单位				◎	◎	◎
2. 轮机工程中常用单位换算				◎	◎	◎

参考文献

[1] 陈耀中,王希兵. 渔船轮机管理技术. 北京:中国农业出版社,2008.
[2] 李斌. 船舶柴油机. 大连:大连海事大学出版社,2014.
[3] 中华人民共和国渔业船舶检验局. 渔业船舶法定检验规则(远洋渔船 2015). 北京:人民交通出版社,2015.
[4] 杨建军,谢加洪,刘黎明. 轮机管理. 北京:中国农业出版社,2017.
[5] 中国海事服务中心. 船舶管理. 北京:人民交通出版社,2012.
[6] 刘正江. 船舶安全管理. 大连:大连海事大学出版社,2011.
[7] 吴宛青. 船舶防污染技术. 大连:大连海事大学出版社,2010.
[8] 黄连忠,张鹏. 船舶管理(管理级). 大连:大连海事大学出版社,2013.